KB138739

콘텐츠 가드닝

콘텐츠 가드닝

기르는 삶으로

이르는 삶에서

서민규 지음

Contents Gardening

퍼블리온
Publion

"대체 어떻게 창작을 하나요?"

창작의 길에 들어선 지 어느덧 5년. 여전히 빼어난 창작자와는 거리가 멀지만 콘텐츠 코치로서 부단히 달려온 덕분인지 이런 질문을 곧잘 받는다.

사실 이 질문은 내가 오랫동안 품어온 것이기도 하다. 나 역시 나름의 계기와 영감을 통해 창작의 길에 들어섰다. 그리고 앞서 걷는 창작자들을 눈여겨보기 시작했다. 그들이 정성스럽게 가꾼 콘텐츠의 정원을 선망 가득한 마음으로 바라보며 나 역시 똑같은 질문을 던지곤 했던 것이다. "대체 어떻게 창작을 하나요?"

첫 콘텐츠를 만들 때는 그저 어떻게든 완성해내기 바빴다. 나만의 창작법은 무엇인지, 어떻게 해야 효과적일지, 무엇을 어떻게 실행할지 떠올릴 여력이 없었다. 그렇게 숱한 시행착오를 겪었다. 그리고 자연스럽게 창작에 대해 하고 싶은 이야기가 쌓였다. 창작의 거장이 들려줄 만한 위대한 통찰에는 미치지 못하겠지만 나 자신이 많이 헤

매본 덕에 초심자가 막막해할 지점만큼은 누구보다 잘 안다고 자부한다. 그렇게 내가 배운 것들을 이 책을 통해 되돌려주고 싶었다.

'나는 어떤 방식으로 창작을 해왔던가?'

나는 이 질문에 대한 대답을 자연에서 찾았다. 내게 가장 자연스러운 창작법으로 다가온 '가드닝'이다. 땅을 고르고, 씨앗을 심고, 물을 주고, 흙을 만지는 가드닝의 세계는 내가 경험한 콘텐츠 창작과 너무나 닮아 있었다.

가드닝은 누구라도 할 수 있다. 대단한 무언가를 성취한 사람에게만 허락되는 것이 아니다. 내가 품은 씨앗의 가능성을 믿는다면 시작하지 못할 이유가 없다. 황폐한 땅에서도 결국은 고개를 내미는 새싹의 생명력을 보라. 언뜻 보면 하찮것없어 보이지만 모든 생명은 스스로 자라고 자신만의 아름다움으로 꽃을 피운다.

틱낫한 스님은 "정원에서 우리는 온전한 자신이 된다"고 말했다. 자신만의 콘텐츠를 기르는 사람은 그 과정에서 온전한 자신을 만나게 된다. 망설이거나, 주저하거나, 주변을 시샘하느라 시간을 낭비하지 않고, 지금 여기서 가장 정직한 노동을 하며 자신만의 세계를 만들어가는 것이다. 그렇게 가드닝, 콘텐츠 창작은 결코 수동적일 수 없는 꽤나 주체적인 행위가 된다.

이러한 가드닝의 속성을 거울삼아 내 창작 여정을 집요하게 비추어보았다. 콘텐츠 창작과 가드닝, 그 두 세계는 그렇게 만났다. 이 책은 콘텐츠 창작에 필요한 세 가지 축을 다룬다.

먼저, 가드닝(gardening)이다. 이는 창작법(創作法)을 말한다. 창작자는 저마다의 창작법을 갖고 있다. 이는 한 번에 갖춰지지 않고 점진적으로 자라난다.

둘째로 가든(garden)이다. 이는 창작물(創作物)을 말한다. 자신이 만들려는 창작물이 무엇이어야 하는지, 혹은 어떤 가치를 담아야 하는지 고민이 필요하다. 탁월한 콘텐츠는 무엇이 다른지도 통찰해야 한다.

마지막으로 가드너(gardener)다. 이는 창작자(創作者)를 말한다. 창작자가 스스로에 대해 안다는 것은 창작의 많은 부분을 결정한다. 자신이 어떤 창작자인지 스스로 성찰해야 한다.

말하자면 창작자는 '내가 무엇을 어떻게 만들 것인가?' 하는 질문 앞에서 세 가지 출발점을 만난다. 무엇을 먼저 마주하게 될지는 미지수지만 분명한 것은 창작을 시작했다면 이 세 가지 화두를 두루 고민해야 한다.

그렇다고 해서 잔뜩 긴장한 채로 움츠러들지 않아도 된다. 초심자라면 무엇보다도 자신 안에 숨은 가능성을 충분히 바라보는 일이 먼저다. 젊은 날의 스티브 잡스가 찾아간 선불교 스승, 스즈키 순류는 이렇게 말한다.

"빈 마음은 무엇이든 착수할 준비가 돼 있다. 초심자의 마음에는 여러 가능성이 열려 있다."

지난 식목일, 한창 책을 퇴고하던 무렵 잠시 산책을 나갔다. 벚꽃잎이 흩날리고 있었다. 그때까지 원고에 파묻혀 있던 나는 비로소 봄이 왔음을 깨달았다. 한참 거리를 걸었다. 이제는 너무나 익숙해진 마스크를 나는 문득 벗어야겠다고 생각했다. 그리고 적잖이 놀랐다. 그 전까지 나는 눈으로만 봄을 바라보고 있었던 것이다. 코로 봄내음을 들이마시고 나서야 비로소 완연한 봄이 왔음을 느낄 수 있었다. 한참이나 잊고 지내던 계절에 대한 감각이 돌아온 순간이었다. 그리고 생각했다. 내 작은 아이디어가 누군가에게 창작의 감각을 깨우는 계기가 되면 좋겠다고. 부디 그럴 수 있기를. 내게는 그보다 더한 기쁨은 없을 것이다.

서민규

목
차

Contents Gardening

가 드 닝,

어떻게 콘텐츠를 기르는가

1

가든,
좋은 콘텐츠란 무엇인가

가 드 너 ,

누 가 콘 텐 츠 를 기 르 는 가

3

콘텐츠

가드닝

봉테일과 창작법

"오스카상은 국제 영화제가 아니다. 지역 영화제다."

영화 〈기생충〉으로 아카데미 4관왕을 차지하기 전 한 인터뷰에서 봉준호 감독이 한 말이다. 100년 가까운 권위를 자랑하는 영화 시상식을 두고 어떻게 저런 발언을 할 수 있을까?

그의 답변은 할리우드에서 활동하는 한국계 배우 산드라 오의 말처럼 "세련된 공격"이었다. 영화계의 '중심'을 자처하는 할리우드 영화인들에게는 불편하고 황당한 대답이었겠지만, 할리우드 밖 영화 팬들에게는 강렬한 카타르시스를 선사했다.

이 외에도 〈기생충〉과 봉준호 감독은 영화 안팎에서 흥미로운 이야기를 많이 낳았다. 구글에 'Bong Joon Ho'를 입력하면 수 백만 건이 검색될 정도다. 그 가운데 단연 빼놓을 수 없는 이야기는 그가 왜 '봉테일(봉준호+디테일)'로 불리는지에 관한 것이다. 봉준호는 〈기생충〉을 어떻게 제작했을까?

극중 건축가가 설계한 박 사장네 저택은 영화에서 큰 비중을 차지한다. 그만큼 감독과 미술감독은 저택을 지을 때 심혈을 기울였다. 특히 가장 먼저 고려한 것이 태양의 방향이었다. 극중 인물 기우가 처음 저택에 들어서며 계단을 오를 때, 저택 너머에서 내리쬐는 햇빛을 받는 장면이 필요했기 때문이다. 그래서 태양의 위치를 기준으로 저택의 대문과 거실의 방향을 결정했다.

이 외에도 전체 분량의 80% 이상이 세트장 촬영분인 만큼 모든 세트를 치밀하게 제작했다. 박 사장 저택의 마당과 1층, 그리고 2층 내부와 지하실은 각각 별도의 세트로 만들었다. 또한 기택네 반지하 집을 포함한 기택네 동네는 20동 40가구짜리 거대한 세트이며, 홍수 장면을 수월하게 촬영하기 위해 이 동네 전체를 커다란 수조 안에 만들었다.

그런데 한 가지 문제가 있었다. 대부분의 촬영을 비좁은 세트장에서 진행하는 영화는 봉준호, 그에게도 처음이었다. 그는 '봉테일' 능력을 더욱 정교하게 발휘해야만 했다. 저택은 공을 들여 설계한 만큼 완공되려면 시간이 필요했다. 공사가 끝날 때까지 손을 놓고 있을 수 없던 그는 비주얼 디렉터에게 부탁해 집안 내부를 훤히 보여주는 3D 도면을 받는다. 이를 통해 그는 사전에 저택 내부를 샅샅이 누비면서 촬영 구도까지 꼼꼼하게 잡아볼 수 있었다.

과연 영화 제작을 할 때의 그는 지독한 설계자라 할 만하다. 왜 '봉테일'이라는 별명이 붙었는지 여실히 보여준다. 의심할 여지 없이 '제작자' 봉준호는 디테일을 설계하는 사람이다.

그렇다면 '창작자' 봉준호는 어땠을까? 〈기생충〉의 플롯을 구상하고, 시나리오를 써나가던 창작자 봉준호도 처음부터 꼼꼼한 설계도를 그렸을까?

〈기생충〉의 시작은 2013년으로 거슬러 올라간다. 그가 영화 〈설국열차〉의 후반 작업을 하던 때, 〈기생충〉의 첫 단초가 되는 아이디어가 떠올랐다. 〈설국열차〉의 영향 때문인지 그는 막연하게 '부자 가족과 가난한 가족의 이야기'가 떠올랐다고 회고한다. 2년 뒤 제작사와 의견을 나눌 때, 그는 그 작은 아이디어를 15페이지 분량의 스토리라인으로 만들었다.

그런데 이 초안에는 영화의 중반부, 흐름을 반전시키는 문제의 '그 장소'와 '그 인물'이 전혀 들어 있지 않았다. 영화의 흐름을 바꾸는 두 요소는 그가 〈기생충〉에 착수한지 4년이나 지나고서야 삽입되었다. 그가 시나리오를 써나가던 마지막 3개월 동안의 일이다. 이 짧은 기간에 영화의 상당 부분을 차지하는 각본이 나왔다.

그의 말대로라면 그는 처음부터 설계도를 그리고 시작하지 않았다. 그렇다면 도대체 어떻게 창작을 했고 각본을 쓴다는 것일까? 그의 창작 과정 일부를 들여다보면 실마리를 얻을 수 있다.

〈기생충〉은 총 161개의 장면으로 이루어져 있다. 당연히 관객인 우리는 신(scene) 넘버 1부터 신 넘버 161까지 순차적으로 보게 된다.

그러나 감독이 각본을 쓸 때 장면을 떠올리는 순서는 영화의 타임라인과는 전혀 다르다. 예를 들어 엔딩 장면은 그가 캐나다 밴쿠버에서 시나리오를 쓰던 시기에 거리에서 신호를 기다리다가 떠올랐다. 그는 엔딩 장면을 떠올리고는 '슬픈 결말이 되겠구나' 하고 생각했다고 한다. 이 말은 곧 그 자신조차 창작물이 어떤 모습일지 아직 알 수 없다는 것이다. 감독은 이렇게 덧붙인다.

"(처음 스토리라인으로 쓴) 15페이지 이후에 이게 어떻게 될지 저도 잘 모르면서 쓴 시간들도 많았어요."

창작물만 놓고 보면 애초부터 창작자가 의도를 갖고 치밀하게 설계한 것처럼 보이지만, 실상은 그렇지 않다. 창작자들도 자신이 만들 창작물의 모습을 완벽하게 상상하지 못한다. 심지어 결말을 모른 채로 창작을 이어가기도 한다. 창작의 속성이 그렇다. 오히려 완성될 최종 모습을 알기 어렵다는 그 이유 때문에 '창작'이라 불리는지도 모른다.

'부자 가족과 가난한 가족의 이야기' 정도로 막연한 씨앗을 품고 있던 그에게 아이디어가 찾아온다. 무질서하게 늘어선 생각과 느슨한 예감, 두서 없이 이어지는 메모를 통해 아이디어를 발산하다가 각본을 쓰는 시점에 영화의 타임라인대로 정렬하는 것이다. 그는 이렇게 덧붙인다.

"써나가면서 정리한 거예요."

봉준호를 탁월하게 만드는 것이 제작 과정에서 드러나는 그의 '봉테일' 덕분만은 아니다. 제작자 이전에 창작자가 있다.

제작을 할 때는 설계도가 필요하지만, 창작을 할 때는 설계도가 존재하지 않는다. 그렇다면 창작은 어떤 식으로 해야 할까?

설계 대신 가드닝

나도 처음 나만의 콘텐츠를 만들고자 했을 때, 무엇을 어떻게 하면 좋을지 몰라 막막했다. 간신히 한 문장을 썼지만 다음 문장을 쓰기까지 오랜 시간이 걸렸다. 가이드가 필요했고, 도서관에서 관련 책들을 뒤적여보기 시작했다.

그때 펴든 책들은 하나같이 '목차'부터 만들어야 한다고 강조했다. 목차가 곧 책의 설계도이므로 목차를 세워야 책을 쓸 수 있다는 것이 요지였다. 이론상 타당해 보였기 때문에 나는 그 조언을 따랐다. 가이드를 따라서 목차를 잡으려고 애쓴 것이다. 하지만 뜻대로 잘 되지 않았다. 내 머릿속 날것의 아이디어들은 제자리를 맴돌 뿐 정리되지 않은 채 마구 뒤섞이기만 했다. 책의 조언을 충실히 따라도 왜 목차를 만들 수 없는지 이해가 되지 않았다.

시간이 흘러 콘텐츠 코치가 되어 만난 초심자들도 대부분 그때의 나와 같았다. 그들 역시 목차와 개요를 완벽하게 짜고 나서야 자신만의 콘텐츠를 만들 수 있다고 생각했다. 하지만 목차를 먼저 잡으려 하면 뜻대로 잘 되지 않았고, 그러다 보면 의욕만 꺾일 뿐이었다.

물론 전문가라면 목차 설계로 시작하는 것이 가능할 것이다. 머릿속에 해당 분야에 대한 내용이 체계적으로 정리되어 있어서 창작물의 모습을 처음부터 꽤나 선명하게 상상할 수 있다. 이로부터 어렵지 않게 콘텐츠의 설계와 목차도 만들 수 있는 것이다. 목차를 먼저 세우라는 말은 분명히 일리가 있다.

설계도가 없다면 건물을 세울 수 없다. 하중을 견딜 수 있도록 하려면 한 치의 오차도 없는 설계도를 그려야 한다. 건축 과정도 치밀해야 한다. 공정 또한 의도된 순서를 따라야 한다. 근대 건축의 거장으로 불리는 프랭크 로이드 라이트는 프로젝트를 머릿속에서 완전히 계획하고 나서야 스케치로 옮겼다고 한다.

건축의 속성이란 이렇다. 빈틈없이 계획하고 철저히 관리해야만 건물을 세울 수 있다. 그렇기 때문에 건축 전문가가 아니고서는 설계를 해선 안 된다. 인증된 공정으로 안전하게 건물을 올려야 하는 것이다. 이는 전문가에게 맞는 방식이다. 각본을 완성한 뒤 영화 제작을 총괄 지휘할 때의 '제작자' 봉준호의 모습이 이와 같다.

그렇지만 초심자에게 설계는 잘 맞지 않는다. 창작을 할 때 초심자는 설계를 할 수가 없다. 초심자는 '멋진 콘텐츠를 만들면 좋겠다'는 막연한 의욕으로 시작한다. 아직 그 자신이 무엇을 만들려고 하는지 모르는 채로 시작하는 경우가 많다. 초심자가 창작을 할 때에는 근본적으로 다른 방식이 필요해 보인다. 바로 '가드닝(gardening)'이다.

한번, 가드닝을 하는 사람을 지켜보자.

먼저 그는 흙을 고르고, 이어서 땅에 씨앗을 심는다. 하나의 씨앗을 심고 나면 할 일이 많아진다. 씨앗에 필요한 양분을 파악하고, 그것을 충분하게 꾸준히 주어야 하기 때문이다. 양분이 효과가 있는지 면밀하게 체크하는 일도 잊어서는 안 된다. 정성을 들여서 가꾼다면 씨앗은 지면 아래로 뿌리를 내릴 것이고 작은 싹이 땅을 뚫고 고개를 내민다.

싹을 틔운 식물은 줄기가 자라나며 이어 가지를 뻗는다. 가드너는 이제 가지치기를 하고, 자신의 정원이 어떤 모습으로 드러날지 기다리면서 가든의 구획을 나눈다. 시간이 흐르면서 처음엔 구체적으로 그려볼 수 없었던 정원의 모습이 서서히 드러난다. 가드닝은 우리에게 친숙한 방식이다. 누구나 직관적으로 이 흐름을 떠올려볼 수 있다.

'콘텐츠 창작'도 가드닝의 속성을 따른다. 창작자는 생각의 씨앗을 심고 그에 맞는 양분을 준다. 관련 콘텐츠를 살펴보고 아이디어를 모은다. 콘텐츠는 점차 뿌리 내리고 가지를 뻗으면서 확장된다. 이제 가드너는 가지치기를 하고 구획을 정리하면서 자신만의 콘텐츠를 다듬어간다. 콘텐츠 가드닝은 다음 몇 가지의 특징을 따른다.

- 창작자는 창작물의 결과를 완벽하게 상상하고 시작하지 않는다
- 발상의 순서와 완성된 창작물의 순서가 언제나 일치하지는 않는다
- 아이디어를 발산하는 동안에는 모호함과 무질서를 즐긴다
- 가드너는 점차 무질서를 질서로, 모호함을 선명함으로 다듬어간다
- 콘텐츠의 목차와 구성은 가드닝의 후반부에 드러난다
- 가드닝에서는 과정도 창작물이다
- 각 과정은 서로 영향을 주고받으며 유기적으로 생성된다

생명을 다루는 가드닝은 공장의 공정처럼 엄격한 단계로 구분되지 않고 하나의 흐름으로 존재한다. 정원사는 식물이 자라나는 모습을 지켜보며 그때그때 유연하게 대응한다. 마찬가지로 콘텐츠 가드닝도 생각의 씨앗이 어떻게 싹트는지 지켜보면서 이를 바탕으로 가드닝을 이어간다. 완벽한 설계도 대신에 창작자와 창작물이 주고받는 호흡 속에 가드닝이 이뤄지는 것이다. 가드닝은 하나의 생성적 과정(generative process)이다.

초심자가 설계는 할 수 없지만 가드닝은 할 수 있다.

설계는 전문가가 해야 하지만 가드닝은 초심자가 더 잘할 수 있다. 이제 가드너는 너른 땅 앞에 서 있다. 주머니 속 씨앗을 이리저리 굴려보며 무엇을 심을지 고민한다. 자신만의 가드닝을 시작한 것이다.

씨앗
심기

토양 고르기

가드닝을 시작하려고 텅 빈 땅 앞에 서면, 처음엔 볼품 없는 모습에 실망할 수도 있다. 오랜 시간 사람의 손길이 닿지 않아 군데군데 잡초만 무성하기 때문이다. 잡초는 자라는 속도가 빨라서 제때 손을 쓰지 않으면 소중한 땅을 뒤덮고 만다. 준비되지 않은 땅에 씨앗을 심고 싶은 사람은 없을 것이다. 가드닝에 앞서 땅을 고르게 만드는 일부터 시작해보자.

콘텐츠 가드닝에서 토양 고르기란 생산에 앞서 내가 소비하는 것들을 마주하고 불필요한 것을 솎아내는 일을 가리킨다. 필요 이상으로 넓어진 내 관심사를 좁혀보고 무분별한 콘텐츠 소비도 정리해보는 것이다.

우리는 일상에서 얼마나 많은 콘텐츠를 접하고 있을까? 유튜브나 넷플릭스 같은 영상 콘텐츠를 비롯해 웹툰과 웹소설, 인스타그램 등 우리의 시선을 사로잡는 것들은 너무나 많다. 플랫폼마다 유통되는 콘텐츠의 형태도 다양하고 그에 따라 우리가 경험하는 재미와 효용도 세분화됐다. 콘텐츠는 나날이 범람해갔다. 그리고 우리는 인식하지 못하는 사이에 그 안에 잠겨 살게 되었다. 건강한 몸을 만들기 위해 다이어트를 시작한 사람이 즐겨 먹던 음식과 잠시 결별하듯이, 이제 우리는 새로운 무언가를 창조하기 위해 무분별히 소비했던 관심사를 정리해야 한다.

누구나 간단히 '관심사 솎아내기'를 할 수 있다. 자신이 소비하는 콘텐츠를 쭉 나열해보는 것이다. 노트를 펼쳐서 '플랫폼-콘텐츠-소요 시간-소비한 이유'를 적어보자.

목록을 작성하고 나면 인바디 검사를 했을 때처럼 가벼운 충격이 올 것이다. 자신의 소비 패턴이 적나라하게 드러나기 때문이다. 나 역시 평소 "시간이 없다"는 평계를 입에 달고 살았다. 하지만 이 목록을 작성하고 나니 콘텐츠 소비에 적지 않은 시간을 쏟고 있었음을 인정할 수밖에 없었다. 잠시 머리를 식힌다는 게 매번 콘텐츠 폭식으로 이어지고 말았다.

이 목록을 잘 보이는 곳에 붙여두고 바라보자. 자신이 얼마나 무분별한 태도로 콘텐츠를 소비했는지 확인했다면, 이제는 내게 필요한 관심사만 남겨두고 모두 정리할 때다. 불필요한 관심사는 구독 해지를 하거나 내친김에 어플리케이션의 '알림'을 모두 꺼버려도 좋다. 콘텐츠 식단을 조절하는 것이다.

물론 콘텐츠 폭식에 대해 후회하고 자책하려고 목록

을 만드는 것은 아니다. 이 과정을 통해 우리는 콘텐츠 가드닝을 위한 자원도 확보할 수 있다.

첫 번째 자원은 주의력이다.

수십 가지 주제에 대해 신경 쓰는 일은 결코 적지 않은 에너지를 쏟게 한다. 온갖 채널을 통해서 끊임없이 쏟아지는 정보와 콘텐츠가 정말 내가 좋아야 할 관심사일까? 이제는 온갖 것에 흩어져 있던 주의력을 끌어모을 때다. 더이상 필요 없는 것들에 관심을 두지 말아야 한다. 그래야 나만의 씨앗에 오롯이 집중할 수 있다.

관심사에는 이자가 붙는다. 유튜브에서 흥미로운 영상 하나를 보면 알고리즘이 우리를 비슷한 영상으로 안내한다. 이렇게 영상을 몇 차례 보고 나면 다음은 적극적으로 검색 키워드를 입력해서 해당 내용을 섭렵해나간다. 그러는 사이 자신도 모르게 그 주제에 대해 속속들이 알게 되는 것이다.

이렇게 에너지를 수많은 관심사에 나누어 쏟는 대신, 하나의 씨앗에 끌어다가 사용해보자. 가드닝 능력이 부족한 것이 아니라 에너지가 분산되고 있었음을 자각하게 될 것이다.

두 번째 자원은 시간이다.

주의력과 마찬가지로 시간도 확보해야 한다. 무언가를 기르는 데는 시간이 필요하다. 누구라도 소비하는 데 허비한 그 많은 시간을 헤아려본다면 '그 시간에 뭐라도 만들었겠다'는 생각을 할 것이다. 낭비하던 시간이 점차 생산을 위한 시간으로 변해간다.

인식하지 못할 뿐이지, 우리는 '관심 경제(attention eco-nomy)'라는 전쟁터에서 매일 포화를 맞고 있다. 유튜브는 구독자의 '시청 지속 시간'을 어떻게 높일지 연구하고, 인스타그램은 우리의 관심을 바탕으로 알고리즘을 구축하고 있다. 정신을 차리지 않으면 원하지도 않던 주제가 어느샌가 내 손에 쥐어지고, 거기에 아까운 시간을 쏟고 있을 것이다.

이렇게 한바탕 관심사를 정리하고 나면, 낭비가 많았을 뿐이지 우리가 가진 자원도 상당히 많았다는 걸 깨닫게 된다. 그러고 나서 자신의 땅을 내려다보라. 무언가를 심기에 충분할 만큼 말끔히 정돈된 땅을 만나게 될 것이다. 이제 새로운 의욕으로 나만의 씨앗을 손에 쥐고 그 가능성의 세계에 발을 들이면 된다.

씨앗 고르기

이제 콘텐츠 씨앗을 고를 때다. 앞서 솎아낸 관심사 중에서 골라보면 수월하다. 내가 코칭을 하면서 만난 초심자들은 주로 다음과 같은 소재를 꼽았다. 먼저 일에 대한 것이다. 회사에서 맡은 업무와 커리어 개발, 해당 분야에 대한 지식과 인간관계 등이 이에 해당한다. 그 밖에도 사회적 역할에 대한 고민, 정체성 문제, 독특한 경험, 취향, 관심사, 해결하고 싶은 문제 등이 모두 후보가 될 수 있다.

씨앗을 고르는 일이 결코 간단하게 느껴지지는 않을 것이다. 하지만 마음에 닿는 소재가 있다면 우선 충분히 들여다보라. 뛰어난 창작자들만이 독창적인 씨앗을 잘 고르는 것처럼 보여도, 그들이 처음부터 남다른 스킬을 가졌던 것은 아니다. 자꾸 선택을 하다 보니 자신만의 안목과 주관이 뚜렷해졌을 뿐이다.

여전히 콘텐츠 씨앗을 찾는 일이 어렵게 느껴지는가?

그렇다면 이미 가지고 있는 것을 평소와는 다른 시선으로 바라보거나, 혹은 씨앗들 간에 조합할 만한 것이 있는지 살펴보는 것도 방법이다. 이로써 매력적인 나만의 씨앗을 발견할 수 있다.

씨앗을 찾다가 잘 되지 않을 때 나는 습관적으로 내가 사용하던 노트를 살핀다. 보물찾기를 하듯 이전에 적어둔 메모들을 뒤적이는 것이다. 그동안 써온 일기는 물론이고, 업무 노트와 아이디어 노트, 스마트폰 메모를 모두 꺼내본다. 그리고 그것들을 전부 '창작 노트'에 옮겨 적는다. 그러다 보면 언제 적었는지 기억조차 없는 그 메모들이 씨앗을 발견하는 데 도움을 준다.

고고학자의 마음으로 자신의 메모를 뒤적여보라. 보석 같은 아이디어를 발굴할 수 있을 것이다. 이것들은 모두 콘텐츠 가드닝에 필요한 양분이며, 콘텐츠를 만들기 위한 의욕까지도 일으켜줄지 모른다.

내 마음에 드는 작은 씨앗을 정해보라. 남들이 특별하게 여기지 않더라도 내 눈에만 특별하면 된다. 이때 주의할 것이 있다. 내게 딱 맞는 완벽한 씨앗을 찾으려 하다 보면, 가드닝이 한없이 미뤄질 수 있음을 기억해야 한다.

씨앗을 골랐다면 다음은 싹을 틔울 차례다. 어떻게 씨앗을 발아시킬 수 있을까?

생각의 씨앗을 종이 위에 마음껏 꺼내 놓는 것이다. 모든 위대한 창작물은 바로 그 종이 위에서 태어났다.

'이 씨앗이 내게 주는 의미는 무엇일까?', '나는 왜 이 주제를 매력적으로 느꼈을까?', '이 씨앗을 통해 나는 무엇을 이야기하고 싶은 걸까?' 이러한 질문을 바탕으로 머릿속에 맴도는 생각을 종이에 옮겨보는 것이다. 마인드맵을 그리거나 표를 만들어 정리해볼 수도 있다. 떠오르는 키워드를 두서없이 나열해도 좋다. 그렇게 종이에 옮긴 생각은 나 자신조차 알아보기가 힘들 때도 있다. 그것은 엉성하며 체계적이지 않을 것이다. 그렇다 하더라도 지금 수준에서 꺼낼 수 있는 것들을 모두 꺼내보는 게 중요하다.

나는 워크숍이나 강의를 통해 초심자 가드너를 만날 때마다 '꺼내 놓기'의 위력을 여러 번 확인한다. 그들은 당장 무엇을 해야 할지 모르겠다며 막막해하지만 정작 '꺼내 놓기'를 하고 나면, 다음 스텝으로 무엇을 할지까지도 아이디어를 얻곤 한다. 꺼내면 스스로 발견할 수 있다.

생각의 씨앗을 종이 위에 펼쳐놓고 나면 그다음 무엇을 할 수 있을까?

먼저 콘텐츠의 형태를 고민할 수 있다. 여기서는 크라우드펀딩을 진행하면 좋을지, 아니면 소셜미디어를 통해 정기적으로 콘텐츠를 발행하는 것이 좋을지 고민해볼 수 있다. 그것은 유튜브 영상이 될 수도 있고, 전자책(ebook)이 될 수도 있으며, 뉴스레터 서비스를 활용해서 연재 형식을 취할 수도 있다. 콘텐츠의 성격과 특징에 따라 어떤 형태를 취할 때 가장 효과적이고 매력적으로 보일지 고민하고 상상해보는 것이다.

두 번째로는 콘텐츠의 내용을 생각해볼 수 있다. 키워드가 하나여도 이야기는 여러 개가 될 수 있다. 만일 내가 '기록'이라는 씨앗을 갖고 있다면, '기록하는 데서 오는 즐거움'을 이야기할지 혹은 '기록을 잘 하는 방법'을 소개하고 싶은지 떠올려보는 것이다. '내면을 돌아보며 기록하는 삶'을 이야기할 수도 있고, 내가 이전에 제안한 화두처럼 'IT 도구를 활용한 기록 방법'을 이야기할 수도 있다. 씨앗을 두고, 여러 관점으로 바라보면서 화두를 정리해보는 것이다.

자신의 콘텐츠를 통해 어떤 메시지를 전하는 것이 가장 마음에 드는지 자문해보라. 꺼내 놓은 것들을 침착하게 바라보면서 자유롭게 연결짓다 보면 말하고 싶은 것이 무엇인지 스스로 발견할 수 있다.

마지막으로 이제 무엇을 하면 좋을지 뽑아보는 일이 남았다. 누군가는 꺼내 놓기를 하면서 생각이 명료해져 그 기세로 한 편의 씨앗글을 쓰기도 한다. 누군가는 생각지도 못한 새로운 키워드를 얻을 수도 있다. 그 키워드가 주는 느슨한 예감에 따라서 관련된 책을 찾아 읽거나 이전에 읽은 책을 다시 뒤적거려보기도 한다. 내 씨앗을 발아시킬 만큼 좋은 영감과 아이디어를 줄 사람을 떠올리고 연락을 해볼 수도 있다. 자신이 끄적인 메모를 내려다봤을 뿐인데 이렇게나 많은 할 일을 발견하게 된다. 이 모두 새싹이 돋아나는 과정이다.

이 시기에 창작자가 잊지 말아야 할 일이 있다. 그것은 바로 자신이 골라낸 씨앗의 가능성을 주목하는 일이다. '이게 맞을까?' 의심을 품는 대신에 가장 용감한 시선으로 자신의 씨앗을 응시해보라. 미동조차 없는 씨앗에서 울창한 숲의 진동을 느낄 수 있을 것이다.

뿌리 내리는
잠복 생산기

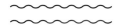

양분과 물 주기

콘텐츠 씨앗을 정한 뒤 가드닝을 이어가다 보면 오래 못 가 낙담할 수도 있다. 의욕을 갖고 글을 써보지만 아무래도 부실해 보이기 때문이다. 내 콘텐츠가 풍성한 숲이 될 거라 기대했건만 앙상한 나뭇가지만 뻗은 나무처럼 초라해 보인다.

'양분'에 대해서 고민할 시점이다. 무언가를 심었다면 오염된 물을 주면 안 되는 것은 물론이고, 그것을 넘어서 좋은 양분을 골고루 챙겨줘야 한다. 양분이 충분하지 않다면 힘 없는 줄기가 숨을 헐떡이며 힘겹게 올라올 것이다. 마찬가지로 콘텐츠는 마른 걸레를 쥐어 짤 때 만들어지는 것이 아니다. 오히려 물을 잔뜩 흡수한 스펀지를 움켜쥘 때처럼 나올 수 있어야 한다.

식물에 물을 줄 때는 겉만 젖을 정도로 흩뿌리듯 주기보다는 일주일에 한 번 뿌리까지 젖도록 흠뻑 주는 게 효과적이다. 물을 흩뿌리면 식물이 깊게 뿌리 내리기를 포기할지도 모른다. 콘텐츠 씨앗도 마찬가지다. 내가 가진 씨앗이 흠뻑 젖도록 충분한 양분을 줘야 한다.

앞서 우리는 무분별한 소비 대신 내 '콘텐츠 씨앗'을

기르는 데 도움이 될 만한 것들 위주로 소비하기로 마음먹었다. 자, 이제는 내 씨앗에 필요한 양분을 적극적으로 찾아보자.

EBS에서 방영한 〈당신의 문해력〉이라는 프로그램이 있다. 문해력이란 글을 읽고 그 의미를 이해하는 능력을 가리킨다. 이 프로그램은 학생들의 문해력이 낮아지는 문제를 짚어보고 이를 해결하기 위한 다양한 프로젝트를 진행했다. 만약 당신이 이 프로그램처럼 '문해력 키우기'를 콘텐츠 씨앗으로 삼는다면 무엇이 자양분이 될 수 있을까?

먼저 문해력의 가장 큰 위협으로 꼽히는 스마트폰과 유튜브를 더 깊이 이해해야 한다. 김성우, 엄기호 작가의 《유튜브는 책을 집어삼킬 것인가》, 혹은 애덤 알터의 《멈추지 못하는 사람들》과 니콜라스 카의 《생각하지 않는 사람들》을 읽어보면서 현상 뒤에 숨은 배경을 풍부하게 파악할 수 있을 것이다. 물론 이 분야를 오랫동안 연구한 전문가, 매리언 울프의 책도 빼놓을 수 없다. 《다시 책으로》를 읽다 보면 '문해력 키우기'에 대한 다양한 화두를 얻을 수 있을 것이다.

물론 양육자나 교사가 정보와 지식만으로 문제를 이해하기보다 자신이 먼저 스마트폰 사용을 줄이고 독서 시간을 늘리면서 문해력을 향상시키는 것도 중요한 양분이 될 것이다. 이후 그 경험을 자녀와 나누면서 이 모든 과정을 콘텐츠에 담을 수 있다.

자신이 가진 키워드에 도움이 될 양분을 찾는 것은 어렵지 않다. 도서관, 서점, 인터넷에서 조금만 찾아보면 내게 꼭 필요한 양분을 만날 수 있다. 그렇게 만난 책은 생각지도 못했던 새로운 키워드를 손에 쥐여주고, 또 다른 책을 소개해주기도 한다. 물론 꼭 책으로 향할 필요는 없다. 유튜브에서 해당 분야 전문가의 인터뷰를 찾아볼 수도 있다. 양분을 충분히 취하는 과정을 통해 자신이 고른 씨앗에 대한 이해도 더 폭넓어질 것이다.

내가 《회사 말고 내 콘텐츠》를 쓸 때도 양분이 필요했다. 한 편의 글을 완성하긴 했지만 이어 어떤 내용을 써야 할지 알 수 없었다. 실마리를 찾기 위해 '커리어'와 관련된 책을 찾아 읽었다. 그때 칼 뉴포트의 《열정의 배신》을 만났다. 그는 미국 사회에 만연한 "열정을 따라서 자신의 일을 찾으라"는 멘토들의 조언을 정면으로 반박하고자 했다. 대신 그는 '열정'을 찾지 말고, 자신의 전문성과 장인정신을 기르라고 조언했다. 그렇게 할 때, '커리어 자산(career capital)'이 생겨난다는 것이다.

그의 말대로 커리어가 자산이라면 콘텐츠도 자산이 될 수 있지 않을까? 막연하게 '콘텐츠'와 '커리어'라는 씨앗을 두고 고민해오던 내게도 드디어 괜찮은 아이디어가 찾아왔다. '콘텐츠 자산'이라는 표현을 떠올리게 된 것이다. 덕분에 산발적으로 흩어져 있던 아이디어가 비로소 정리되고, 책의 내용을 어떻게 풀어나갈지에 대한 단서도 찾을 수 있었다. 이렇듯 양분을 섭취하는 과정에서도 얼마든지 가드닝의 물꼬를 틀 수 있다.

씨앗을 손에 꼭 쥔 채 좋은 양분을 찾아 나서보라. 우리의 생각을 건드리는 이야기나 나중에 꼭 활용하고 싶은 소재를 발견할 수 있을 것이다. 이를 만나면 놓치지 않고 메모해야 한다. 책에서 내 생각과 맞닿은 지점을 발견하거나 곱씹어볼 만한 문장을 만났다면, 그것을 어떤 형태로든 메모로 남겨보라. 저자의 문장을 그대로 적어도 좋고 내가 이해한 대로 간단히 요약해도 좋다. 핵심 단어 한두 개만 남겨도 나중에 도움이 된다. 이렇게 내 콘텐츠에 양분이 될 수 있는 것은 무한하게 많다. 다만 우리가 찾지 않고 있을 뿐이다. 이러한 과정을 반복하다 보면 양분을 발견하는 안목도 길러질 것이다.

충분한 양분을 꾸준히 오래 주다 보면, 자연스레 땅의

속성도 변한다. 이렇게 흙이 질적으로 달라진다면 어떤 것을 심어도 잘 자라게 될 것이다. 2009년 3월 20일, 입대 후에 처음 쓴 내 일기장에는 이런 문장이 적혀 있다.

"건빵 먹으며 쓰고 있다."

"건빵이 참 맛있구나. 별사탕이 10개나 있네."

부끄럽지만 이는 결코 거짓이 아니다. 초등학생 때 쓴 일기장을 꺼내 봤을 때처럼 민망하다. 그때엔 이런 내용밖에 쓸 것이 없었다. 내 머릿속엔 아무 생각도 없었고 애초에 무엇을 생각해야 할지도 몰랐다. 생각에 대한 생각이 없었다. 어쩌면 당연한 일이다. 군대에 가서야 제대로 된 독서를 시작했기 때문에, 그때까지 스스로 생각한다는 것이 무엇인지도 몰랐다. 이런 토양에서는 그 어떤 씨앗도 싹 틔울 수 없다. 척박한 땅에는 아무리 좋은 씨앗을 심어도 금방 말라죽는다.

그렇지만 좋은 양분을 성실히 주다 보면 땅은 조금씩 비옥해진다. 부실한 토양을 가졌던 내가 그동안 가장 많은 양분을 취한 곳은 책이다. 유튜브가 나온 이래 책의 존재감은 더욱 희박해지고 있지만, 책은 여전히 광활한 생각의 바다다. 그곳에서 건져낼 것이 너무나 많다. 게다가 '읽는 행위'만이 줄 수 있는 심오한 선물이 있다. 우리는 수동적인 자세로 책을 읽을 수 없다. 독서는 우리에게 가장 높은 수준의 지적인 참여를 요청한다. 그래서 책을 읽을 때면 우리는 자신도 모르는 사이에 의미 생산자가 되고, 자기 자신의 내면을 깊이 탐색할 수 있다. 자신의 내면 세계와 경험에서 양분을 생성하는 방법도 배우게 된다.

이렇듯 주의를 기울여서 나만의 양분을 찾아보라. 찾기만 한다면 만날 수 있다. 좋은 양분을 소화한다면, 내 씨앗을 싹 틔우는 것은 물론이고 지적인 토양까지 바꿔줄 것이다.

콘텐츠 뿌리 내리기

나무는 조금 특별한 어린 시절을 보낸다. 작은 잎사귀가 열심히 영양분을 만들고 나면 그것을 줄기로 보내지 않고 뿌리로 보내는 것이다. 위로 자라나기도 바쁠 때, 왜 깜깜한 땅속으로 더 깊이 뿌리 내리기를 선택하는 걸까?

평균적으로 5년. 나무는 집중적으로 뿌리 내리는 시간을 갖는다. 뿌리를 깊고 넓게 뻗어야 나중에 몸집을 키울 수 있고 키도 클 수 있기 때문이다. 이곳저곳으로 뻗어난 뿌리는 여러 물길에 닿아서 가뭄에도 잘 견디는 나무가 된다. 그러다 보니 유형기(幼形期, juvenile period)를 거치는 나무의 생장은 지면 위에서는 잘 볼 수 없다. 땅을 향해서 자라나는 나무의 '잠복 생장기'인 것이다.

콘텐츠 가드닝을 할 때도 이와 비슷한 '잠복 생산기'를 거친다. 아직 콘텐츠의 모습이 구체적으로 드러나지는 않았지만, 정제되지 않은 형태의 메모가 차곡차곡 쌓여간다. 다양한 곳에서 영감을 취하면서 사고를 확장해간다. 이것이 바로 콘텐츠의 뿌리를 내리는 시간이다.

봉준호 감독의 잠복 생산기는 어땠을까? 〈기생충〉의 각본을 완성해가던 4년 간, 그는 영감이 떠오를 때마다 수시로 기록해나갔다. 집요한 메모광으로 잘 알려진 그는 아이폰이나 아이패드 메모장에 스토리라인, 캐릭터 설정, 영화 제작 방식 등에 대한 번뜩이는 아이디어를 적어나갔다. 특정 장면이 떠오르면 아이패드에 직접 스토리보드를 그리기도 했다.

이런 잠복 생산기를 거쳐 마지막 3개월, 각본을 쓸 당시 그는 쌓인 재료를 바탕으로 플롯에 윤곽을 잡아나갔을 것이다. 마치 테트리스 게임처럼 그 모든 것이 착착 맞물려가면서 시나리오는 더욱 선명해진다.

잠복 생산기는 떠오르는 아이디어를 흩날리지 않도록

충분한 시간을 들여서 메모로 남기고 그것을 차곡차곡 모아가는 시간이다. 지면 아래로 넓고 깊게 뿌리를 내리는 나무처럼, 우리의 머릿속에서 아이디어가 자유롭게 발산하도록 두는 것이다. 그리고 이 기간을 거칠 때 창작자는 한껏 세렌디피티(serendipity, 뜻밖의 재미)를 만날 수 있다.

〈기생충〉은 4년이라는 긴 잠복 생산기를 거쳤는데 이는 그의 오랜 작업 방식이다. 〈괴물〉은 그보다 더 오랜 시간이 걸렸다. 1987년, 고등학생이던 그는 잠실대교 교각에 무언가 매달려 있다가 떨어지는 것을 보았다. 그는 그때 만난 괴물의 이미지를 오랜 시간 머릿속에 담아두며 잠복 생산기를 거치고 있었다. 그러다 2000년, 맥팔랜드 사건(주한 미군이 한강에 독극물을 방류한 사건)이 터지자 이를 〈괴물〉의 오프닝으로 삼게 된 것이다. 그는 이에 대해 "내 영화에도 안성맞춤의 사건이 터졌고 그것이 이 영화의 오프닝이 될 수밖에 없었다"고 말한다. 몇 년간이나 잠복 생산기를 거치는 동안 딱 들어맞는 퍼즐이 나타난 것이다.

누군가에겐 한 줄의 뉴스였지만 감독에게는 달랐다. 이처럼 잠복 생산기엔 내 씨앗을 콕콕 찌르며 자극하는 것들에 활짝 열려 있어야 한다. 더불어 자극을 메모로 옮기는 작업을 소홀히 해서는 안 된다. 관련 키워드, 불쑥 떠오른 생각, 책에서 발췌한 문장, 인터뷰 등 그 무엇이든 좋다. 뿌리가 어두운 흙 속을 더듬으며 필사적으로 양분을 찾듯이, 우리의 모든 감각을 열고 사고를 깊고 넓게 확장시켜야 한다.

이 책《콘텐츠 가드닝》를 쓸 때도 마찬가지다. 나는 '잠복 생산기'에 대한 아이디어를 생각하다가 우연히 봉준호 감독의 인터뷰 영상을 보았다. 그 찰나에 만난 생각을 나는 다음과 같이 빠르게 메모해두었다.

잠복 생산기가 무엇인지 좀 더 소개 / 봉준호, 무언가 머릿속에서 재배하는 시간 / 그런데 그게 여기저기 흩어진 기록으로 마구 번져가는 시간 / 이때에는 뭘 하는지. 머릿속에 뭐가 일어나는지

잘 다듬어진 문장은 아니지만 나만 알아볼 수 있으면 된다. 이 정도로만 메모해도 그다음 화두를 떠올리는 일이 쉬워진다. 글로 옮기는 것도 어렵지 않다. 나는 이 경우 모두 '워크플로위(workflowy)'라는 도구에 적어두는데 잠복 생산기에는 이런 항목이 수백 개에 달한다. 아직은 별 볼 일 없는 아이디어를 이리 굴리고 저리 굴리면서 뿌리를 내리

는 것이다.

잠복 생산기에는 사소한 자극에도 예민하게 반응해야 한다. 어디에서 무엇이 나타날지 모른다. 지금껏 생각지 못한 무언가를 떠올릴 수노 있다. 새롭게 발견한 문장과 아이디어를 서로 기대어 놓고 곱씹다 보면 자연스레 생각이 접목된다. 나만이 할 수 있는 표현도 여기서 생겨난다. '내가 도대체 이것을 왜 적어뒀지?' 싶은 모호한 메모들이 충분하게 쌓이고 나면 그것들을 통해서 무엇을 말할 수 있는지 창작자 자신이 알아차릴 수 있다.

뿌리를 얼마나 깊이 내렸는지가 나무의 높이를 결정한다. 우리 눈에는 지면 위로 모습을 드러낸 창작물만 보이지만, 모든 창작물은 뿌리 내리는 시간을 갖는다. 스스로에게 충분한 잠복 생산기를 허용해보라. 뿌리를 깊이 내린 나무가 얼마나 높이 뻗어갈지 누구도 알 수 없다. 그 기대감으로 잠복 생산기를 보내는 것이다.

잠복 생산기에 하는 일들

잠복 생산기엔 아이디어가 끝없이 발산하기 마련이다. 이는 즐거운 경험이기도 하지만 콘텐츠의 구체적인 모습이 손에 잡히지 않아서 답답한 시기이기도 하다.

어떻게 하면 내 콘텐츠의 상(image)을 구체적으로 그려 볼 수 있을까?

첫 번째로 '콘텐츠 모델' 찾아보자. 다른 사람이 만든 콘텐츠에서 내 콘텐츠에 적용할 수 있는 속성을 발견하고 가이드로 삼는 것이다.

〈기생충〉의 포스터를 제작한 김상만 감독은 데이비드 호크니의 '수영장 시리즈'를 참고했다. 그는 포스터에서 호크니의 작품에 드러난 무심한 느낌이 전달되기를 바랐다. 그래서 촬영 당일 배우들도 현장에서 호크니의 그림을 참고하여 촬영에 임했다.

이처럼 콘텐츠 모델을 찾는 데 장르의 제한을 둘 필요는 없다. 어느 곳에서도 모델을 발견할 수 있다. 만들고자 하는 콘텐츠가 책이라면 주변의 책을 참고할 수도 있지만, 그 밖에도 영화나 음악, 그림처럼 완전히 다른 장르의 창작물을 참고할 수도 있다.

그다음으로 필요한 것은 모델에서 구체적인 힌트를 얻는 것이다. 이를테면 책의 목차나 글쓰기 스타일, 혹은 스토리텔링 방식 등이다.

예를 들어, 나는《회사 말고 내 콘텐츠》의 목차에 대

한 모델로 조이 이토가 쓴 《나인》을 참고했다. 이 책은 '권위보다 창발(Emergence over Authority)', '지도보다 나침반(Compasses over Maps)' 같은 형식으로 9개의 장을 만들었다. 여기서 착안해 나 역시 대소를 이루는 7개 장으로 책을 구성할 수 있었다.

눈에 띄지 않는 내밀한 속성도 참고할 수 있다. 내 콘텐츠에서 어떤 분위기가 느껴지기를 바라는지, 혹은 어떤 정서를 전달하고 싶은지 생각해보는 것이다.

어떤 책이든 저자의 개성과 분위기가 묻어난다. 재치 있고 가벼운 문체가 특징일 수도 있고, 진지하고 신중한 분위기가 주된 것일 수도 있다. 저마다의 색깔이 은은하게 드러나는 법이다. 모델을 거울삼아서 내 콘텐츠를 이리저리 비춰본다면, 모양을 다듬어갈 때 도움이 된다.

내가 주로 쓰는 모델 가운데 하나는 음악이다. 작업할 때 틀어놓는 배경음악이 아니라 내가 쓰려는 책의 내용과 정서적으로 닮은 음악을 찾는 것이다. 그 음악이 주는 정서에 마음을 싣고 따라 쓰다 보면 그와 어울리는 표현을 찾는 일도 수월해진다.

모델을 단 한 가지로 둘 필요도 없다. 책에 전반적으로 흐르는 정서는 'A 음악'의 분위기를 참고한다. 내 책을 읽을 독자에게 어떤 감정을 주고 싶은지 스스로도 막연하다면 이전에 자신이 'B 영화'를 보면서 느낀 감정을 떠올려보면서 모델로 삼을 수 있다. 또, 목차 구성은 'C 도서'를 참고하는 식이다.

즐거운 마음으로 모델을 찾아보라. 마치 형태가 없는 영혼에 뼈와 살을 채워 몸을 만들듯, 내 것을 구체적으로 상상할 수 있을 것이다.

두 번째로, 내 콘텐츠의 상(image)을 또렷하게 하기 위해서 '질문 목록'을 만들 수 있다.

책은 하나의 커다란 질문에 대한 저자만의 대답이다. 《회사 말고 내 콘텐츠》는 '왜 지금 나만의 콘텐츠를 만들어야 할까?'라는 질문에 대한 대답이었고, 이 책 《콘텐츠 가드닝》은 '콘텐츠를 설계하지 않고 길러내는 방법은 무엇일까?'에 대한 대답이다. 그렇지만 창작을 시작할 때부터 이런 질문이 생기는 것은 아니다. 가드닝을 하는 동안 스스로에게 크고 작은 질문을 던지고 더듬거리며 탐색해가면 된다.

처음엔 어떤 질문을 해야 할지조차 떠오르지 않는다. '내 콘텐츠로 무엇을 말해야 하지?'라는 첫 질문을 시작으로 꼬리를 물고 질문을 떠올린다. 이 질문들은 콘텐츠를 기르는 내내 늘어간다.《콘텐츠 가드닝》을 쓸 때는 다음과 같은 질문을 떠올렸다.

- 창작물은 어디서 올까?
- 창작자는 무엇을 영감으로 삼을까?
- 창작자들은 영감으로만 작업할까?
- 왜 사람들은 창작물을 소비할까?
- 창작물은 어떤 쓸모가 있을까?
- 남다른 창작물은 무엇이 다를까?
- 창작자는 무엇을 상상하고 작업할까?
- 창작자의 머릿속에는 무슨 일이 벌어지고 있을까?
- 창작자의 노트엔 무엇이 쓰여 있을까?

이렇게 질문들이 쌓이면 비슷한 것끼리 묶어보고 순서를 잡으며 위계를 만든다. 이렇게 생겨난 질문 목록은 목차를 세우는 데 힌트가 되어주기도 한다.

또한 꼬리를 물고 이어지는 질문을 잔뜩 이어가다 보면, 그것들이 단 하나의 커다란 질문을 가리킨다는 것을 볼 수 있다. 창작자가 콘텐츠를 통해서 무엇을 말해야 할지 깨닫는 순간이다. 이것은 곧 콘텐츠의 핵심 메시지로 이어진다.

　좋은 질문이 떠오르지 않을 때도 있다. 이때엔 비슷한 소재의 다른 콘텐츠를 참고하여, 내게 필요한 질문을 발견해낸다. 어떤 콘텐츠든 댓글이나 후기가 있다. 사람들이 남겨놓은 반응들을 그저 지나치지 말고 유심히 관찰하면서 거기서 좋은 질문을 건지는 것이다.

　창작자는 자신의 창작물에 대해 가장 많은 질문을 쏟아내는 사람이다. 그 과정에서 지금껏 누구도 던지지 않은 질문을 만났다면 대답 또한 고유할 것이다.

　잠복 생산기를 거칠 때, 콘텐츠의 윤곽이 잡히지 않는다면 조바심이 날 수 있다. 그럴 때는 콘텐츠 모델을 만나서 구체적으로 모습을 상상해보라. 또, 스스로가 답하고 싶어지는 매력적인 질문을 떠올려보라. 조바심 대신에 기대감을 갖고 가드닝을 이어나갈 수 있을 것이다.

줄기를
뻗으며
생장하기

태그 만들기

나무가 땅속으로 깊이 뿌리를 내렸다면 이제는 줄기가 땅 위로 솟아오를 때가 됐다. 우리의 가드닝도 마찬가지다. 메모가 충분히 쌓였으니 콘텐츠의 모습과 윤곽이 드러나야 한다. 워크플로위에 자리 잡은 수십, 혹은 수백 개의 메모를 바탕으로 무엇을 하면 좋을까?

크게 두 가지를 할 수 있다. 태그(tag)를 잡고 묘목 글쓰기를 하는 것이다.

먼저 태그란 '의미의 덩어리'를 가리킨다. 그동안 쌓은 메모 하나하나를 들여다보며 그 의미와 잘 맞아떨어지는 이름을 붙여나가보자. 예를 들어, 봉준호 감독의 인터뷰를 보다가 적어둔 메모를 나는 '잠복 생산기'라고 이름 붙였다. 이렇게 이름을 붙여나가다 보면 분명 어떤 메모는 콘텐츠의 핵심을 이룰 만큼 비중이 크다는 것도 알 수 있다. 이를테면 '가드닝'이 그러한데, 이와 비교하면 '잠복 생산기'는 비교적 비중이 작다. 메모마다 의미의 덩어리가 다른 것이다.

이름을 붙인 메모, 즉 태그가 많아졌다면 이제 태그를 분류하는 일이 남았다. 비슷한 태그는 한데 모아주고, 크기가 다른 것들 간에는 상하 관계를 만들어준다. 그러면 태그가 정렬이 되면서 콘텐츠의 모습이 본격적으로 드러난다. 자신이 만든 태그가 얼마나 큰 비중을 차지하는지 알기 어렵다면 스스로 지문해볼 수 있다. 예를 들어 나는 '잠복 생산기'라는 태그를 갖고서 스스로에게 물었다.

'이 태그가 이 책의 가장 큰 '장(chapter)'에 해당할까?'

'그보다는 작은 소제목에 위치하는 것이 적합하지 않을까?'

'그것도 아니라면, 한 편의 글 안에서 간단히 언급하는 것으로 충분할까?'

이렇게 따져 물으면서 '잠복 생산기'라는 덩어리가 콘텐츠에서 얼마나 큰 비중을 차지하는지 파악하는 것이다. 만일 책의 가장 큰 '장'이 되기에 부족하다면, '잠복 생산기' 상위에 어떤 태그가 필요할지도 찾아야 할 것이다. 말하자면 태그를 만든다는 것은 메모마다 의미에 맞는 이름을 붙여 그것을 분류해 체계를 세우는 것을 말한다.

이렇게 태그를 만들다 보면, 원래 하려던 이야기에서 벗어난 것들이 생길 때가 있다. 《회사 말고 내 콘텐츠》는 '왜 지금 내 콘텐츠를 만들어야 할까?'라는 질문에 대한 대답인데 원고를 쓰다 보니 '어떻게 콘텐츠를 길러낼까?'

와 관련이 깊은 태그가 많이 생겨났다. 결국 그 태그는 따로 모아서 《콘텐츠 가드닝》을 이루게 됐다.

다산 정약용은 물고기를 잡으려고 쳐놓은 그물에 기러기가 걸리면 놓아줄 것이냐고 반문하며, 새로 떠오른 아이디어도 잘 잡아두라고 조언한다. 하나의 콘텐츠에 모든 태그를 담아내지 않아도 된다. 언젠가 다른 기회에 반드시 쓰임이 생길 것이다.

태그를 만들기 시작했다면 이와 더불어 묘목 글쓰기를 할 수 있다. 나는 앞서 언급한 대로 '잠복 생산기'에 대해 다음과 같은 메모를 남겼다.

잠복 생산기가 무엇인지 좀 더 소개 / 봉준호, 무언가 머릿속에서 재배하는 시간 / 그런데 그게 여기저기 흩어진 기록으로 마구 번져가는 시간 / 이때에는 뭘 하는지. 머릿속에 뭐가 일어나는지

이렇게 남겨둔 메모를 하나의 묘목으로 바라볼 수 있다. 아직 완성도가 낮지만 한 편의 글이 될 가능성은 충분한 메모다. 이제 태그를 잡는 일과 더불어 묘목을 토대로 글을 쓰는 것이다. 콘텐츠가 어떻게 구성될지 전보다 뚜렷

해졌기 때문에 글을 쓸 때도 막연함이 덜하다. 또한 그동안 충분하게 메모했다면 워크플로위라는 모판에 수많은 묘목이 자라났을 것이다. 우리가 이미 상당한 밑작업을 해둔 것이기 때문에 글을 쓸 때 탄력을 받을 것이다.

각각의 묘목 글을 점진적으로 다듬어보라. 쓰다 만 글, 개요를 잡아둔 글, 초고를 완성한 글 등이 쌓인다. 시간을 충분히 낼 수 있을 때는 한 편의 글에 집중하고, 그렇지 못할 때는 글의 개요를 더 발전시켜서 묘목을 정리해나간다. 그동안 만들어둔 질문 목록에 스스로 답을 해보면서 글을 쓸 수도 있다. 묘목 글이 충분하게 쌓이고 나면, 마지막에 한꺼번에 옮겨 심는다. 자신이 즐겨 사용하는 워드프로세서에 묘목 글을 옮겨서 글을 마무리짓는 것이다.

태그를 만드는 것은 가드닝에서 가장 도전적인 지점이다. 자신의 콘텐츠가 어떤 의미를 가져야 할지 정하는 것은 까다로운 일이다. 간단한 수학 문제를 풀거나 정보와 지식에 대해서 단순 분류하는 일과는 다르다. 의미를 부여하는 일은 결코 단순하지 않다. 거꾸로 보면, 의미 부여를 잘 해낸다면 고유한 창작물이 될 수 있는 것이다. 자신의 콘텐츠를 충분히 상상하고 음미해보라. 손에 닿을 듯 말 듯했던 의미가 어느새 선명해졌을 것이다.

목차 세우기

이제는 콘텐츠의 구성을 확정할 때다. 목차를 잡으면서 비로소 가드닝이 열매를 맺는다.

목차 잡기는 콘텐츠를 수렴하는 과정이다. 잠복 생산기를 거치는 동안에는 아이디어가 이리저리 뻗고 발산했을 것이다. 영화로 보면, 신(scene) 넘버 19, 49, 42, 82의 순서로 뒤죽박죽 떠오르는 식이다. 이렇게 무작위로 떠오른 장면들은 마지막에 영화의 타임라인을 맞출 때, 신 넘버 1에서 100의 순서로 재배치된다.

이렇듯 목차 잡기란 태그가 자기 위치를 갖도록 가장 자연스러운 순서로 정렬하는 일이다. 태그를 분류하면서 이미 자연스레 목차의 윤곽이 드러났을 수도 있다.

수월하게 목차를 잡으려면 태그 가운데 어떤 것이 가장 큰 덩어리인지부터 결정하는 것이 좋다. 이삿짐을 푸는 상황을 떠올려보자. 이사할 집에 짐이 도착하면 무엇을 가장 먼저 할까? 부피가 큰 가구부터 배치한다. 냉장고는 주방에, 책장은 작은 방에 두는 것이다. 또 '작은 방', '주방'이라고 표기해둔 상자들도 해당 위치에 옮겨놓는다. 아직 세부적으로는 정리가 덜 되었지만, 전체적으로는 구성이 잡혔다. 이렇게 큼직한 것부터 자리를 잡아두면, 나머지를 정리하는 일은 쉽다.

그다음에는 각 방에 흩어진 상자를 풀고 물건을 제자리에 채워 넣는다. 콘텐츠의 목차를 잡을 때도 마찬가지다. 자신이 만든 태그 가운데 '가장 큰 의미 덩어리'가 무엇인지 정했다면, 나머지 항목은 어렵지 않게 위치를 잡을 수 있다.

물론 단 한 번에 목차를 결정할 수는 없다. 목차의 흐름이 자연스러워질 때까지 조정해야 하고, 내용과 맞지 않는 부분은 과감하게 가지치기를 해야 한다. 덜 자란 나무 옆에 지지대를 설치해주는 것처럼 처음에 세운 목차는 어디까지나 임시적이다. 위치를 잘못 잡은 식물을 옮겨 심어야 할 수도 있다.

초심자라면 목차를 여러 번 수정해야 한다. 예를 들어 하나의 장에 5가지 하위 항목이 있을 때, 이들 간에 균형감이 없을 수 있다. 항목마다 분량이 크게 차이 날 수도 있고, 각 항목들의 연결이 매끄럽지 않을 수도 있다. 그러면 흐름에서 크게 벗어나는 태그를 제거하거나, 혹은 새로운 태그를 떠올려 채워 넣어야 한다. 또, 어떤 태그는 다른 장으로 이동해 흐름을 맞춰야 한다. 확정할 수 있는 태그는 그대로 두고, 나머지는 조정한다. 내가 워크플로위를 주로 활용하는 이유도 여기에 있다. 항목 간에 상하 관계를 만들거나 항목을 이동할 때 쉽고 편리한 도구이기 때문이다.

또한 목차를 잡을 때 가지치기도 필요하다. 정원사는 죽거나 병든 가지를 잘라내는 것은 물론이고, 서로 부딪히는 가지가 있을 때 남겨둘 가지를 선택하고 나머지는 잘라낸다. 우리도 이와 마찬가지로 콘텐츠의 전체 흐름과 무관한 내용은 삭제하고, 겹치는 내용이 있다면 과감히 덜어내야 한다.

목차가 어설프게라도 자리를 잡으면 콘텐츠 창작자는 스스로 지도를 갖게 된다. 목차는 독자를 안내하는 역할을 하지만, 그 전에는 창작자에게 길잡이가 되어준다. 방대한 콘텐츠의 중간 지점마다 안내판을 세우는 셈이다. 안내판이 있어야 내가 어디쯤에서 어떤 작업을 하고 있는지 알 수 있다. '1장은 하위 목차가 아직 불충분하다'거나 '2장은 자리를 잡았으니 이제 글쓰기에 집중해야겠다'처럼 판단을 내리고 작업에 추진력을 더할 수 있다.

이제는 목차도 정돈되었고 묘목 글도 쌓였으니 본격적으로 글을 쓰면 좋다. 목차의 순서대로 글을 써도 좋고, 마음가는 순서에 따라 써도 된다. 한편, 글을 쓰다 보면 목차의 구성을 더 좋게 만들 방법이 떠오르기도 한다. 미세하게 목차를 조정하고 다시 글을 쓴다. 천 그루의 나무는 천 가지 모양을 갖는다는 '천수천형(千樹千形)'이라는 표현이 있다. 이와 같이 콘텐츠 가드닝이 막바지에 다다르면, 글을 쓰는 일과 목차 잡는 일이 서로 슬금슬금 영향을 주고받으면서 콘텐츠의 모습을 갖추게 된다. 콘텐츠가 가장 자연스러운 자신의 형태를 찾아가는 것이다.

씨앗을 꺼내 놓고 양분을 주면서 메모를 쌓아간다. 잠복 생산기를 지나서 태그를 잡고 비로소 목차가 드러난다. 들쑥날쑥 자라난 가지를 잘라내고 나면 어느새 창작물의 구성과 구획이 선명해진다. 산발적으로 흩어져 있던 아이디어가 자기 위치를 잡고 목차로 수렴된 것이다. 처음 가드닝을 시작할 때에 비해서 콘텐츠의 해상도가 무척 선명해졌을 것이다. 창작자가 탄력을 받기에 충분한 변화다. 이전보다 가뿐한 마음으로 즐겁게 가드닝을 이어갈 수 있을 것이다.

애자일하게
기르기

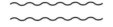

작은 정원에서 시작하기

가드닝의 과정을 머릿속으로 그려보는 것은 어렵지 않지만, 막상 하려고 보면 엄두가 나지 않는다. 콘텐츠를 바라보는 눈높이가 너무 높아진 탓이다.

우리가 일상적으로 접하는 국내의 영화, 드라마와 음악은 어느샌가 세계적인 반열에 올랐다. 그에 맞춰 콘텐츠를 바라보는 우리의 눈높이도 높아져 쉽게 내려오지 않는다. 내가 즐기는 콘텐츠와 내가 만들 수 있는 콘텐츠 사이의 간극이 좀처럼 좁혀지지 않는 것이다.

이럴 때 '베타 콘텐츠(beta contents)'를 만들어보면 좋다. 베타 콘텐츠란 내가 만들고 싶은 최종 콘텐츠의 시험용 버전을 가리킨다. 콘텐츠에 담긴 의미는 살리되, 최소한의 형태를 만들어보는 것이다. 예를 들어 《콘텐츠 가드닝》을 압축적으로 구성해보면 다음과 같다.

'나만의 콘텐츠를 기를 때는 3가지를 염두해야 한다. 만드는 방법을 궁리하는 것(창작법), 잘 만든 콘텐츠란 무엇인지 통찰하는 것(창작물), 콘텐츠를 만드는 사람, 그 자신(창작자)에 대해 성찰하는 것. 이 3가지가 고루 중요하다.'

이는 완성도 측면에서는 한참 부족하지만 전체 내용

이 한눈에 들어온다는 점에서는 좋은 출발점이 되어준다. 만일 이 정도의 적은 분량을 쓰는 것이 부담되지 않는다면, 내용을 A4 용지 1페이지 분량으로 확장해나간다. 먼저 '만드는 방법'을 언급했으니 그 방법을 3가지만이라도 떠올려보는 것이다. 다음으로는 '잘 만든 콘텐츠'를 언급했으니 내가 알고 있는 한에서 잘 만든 콘텐츠를 3가지 꼽고, 그 이유도 소개한다. 마지막으로 창작자 자신을 성찰하는 것이 중요하다고 했으니 어떤 방식으로 성찰할 수 있는지 역시 3가지를 꼽아보는 것이다.

자신이 분명하게 말할 수 있는 부분에 살을 붙여나가면서 10페이지, 혹은 20페이지로 점차 분량을 늘려가는 것이다. 이렇게 5평짜리 정원을 가꿀 수 있다면 50평짜리 정원을 가꾸는 일도 가능해진다.

베타 콘텐츠의 가장 큰 이점은 실력 향상에 도움이 된다는 점이다. 처음 다트 던지기를 해보는 사람이 있다고 하자. 이때 50m 떨어진 과녁에 다트를 한 번 던질 때와 10m 떨어진 과녁에 다트를 5번 던질 때, 어느 쪽이 더 빨리 실력이 늘겠는가. 어려운 방식으로 한 번 연습하는 것에 그치기보다 쉬운 방식으로 여러 번 시도하는 것이 가드닝에 유리하다. 내가 첫 종이책을 쓸 때도 그 전에 쓴 세

편의 전자책이 큰 도움이 됐다.

스스로 수월하다고 생각하는 만큼 분량을 줄여서 베타 콘텐츠를 만들어보라. 가드닝이 버거운 노동이 아니라 충분히 즐길 만한 일이라는 것을 알게 된다. 굳이 나중으로 미루지 않고 하루 만에 결과물을 만들 수도 있다.

또 다른 이점은 '완결성'을 추구해볼 수 있다는 것이다. 초심자는 의욕이 높지만 그 에너지를 고르게 분배하는 데는 아직 서툴다. 전체의 완결성을 높이는 대신 부분의 완성도에 전력을 쏟아붓는 일이 잦다. 마치 《수학의 정석》 1장 〈집합〉만 완벽하게 이해하고, 나머지 장은 손도 못 대는 학생처럼 시작만 반복하는 상황이 생긴다.

완결성을 추구한다는 것은 무엇일까? '콘텐츠의 첫 부분이 이렇게 시작한다면, 어떤 식으로 끝맺을 수 있을까?', '어떻게 해야 시작과 끝이 자연스럽게 연결될까?'를 떠올려보면서, 엉성하나마 전체의 모습을 느껴보는 것이다. 창작자가 창작물을 전체적으로 조망할 수 있어야 막막함 없이 가드닝을 이어갈 수 있다.

완성도가 높은 단 하나의 콘텐츠를 만들려고 하기보다는, 완성도가 50%밖에 안 되더라도 완결성을 갖춘 베타 콘텐츠를 여러 개 만드는 쪽이 낫다. 이때 배우는 것이 전자보다 훨씬 많다. 완성도가 고작 10%인 콘텐츠 20편을 만드는 것도 좋은 연습이 된다.

물론 가끔은 첫 시도, 첫 창작물만으로 세상을 놀래키는 천재들이 있다. 창작을 위해 태어난 것처럼 보이는 그들에게는 베타 콘텐츠가 필요 없어 보인다. 하지만 이는 예외적인 경우다. 우리가 알고 있는 많은 창작자, 작가, 감독, 예술가의 초기 작품은 생각보다 엉성한 수준일 때가 많다.

나는 마음에 드는 책을 읽고 나면 되도록 그 작가의 초창기 저서도 찾아보는 편이다. 그러면 아무리 명성 있는 작가도 베타 콘텐츠를 거쳤다는 사실을 알 수 있다. 그것을 확인하고 나면, 왠지 마음이 가벼워진다. 그 창작자가 거쳤을 도약을 생생하게 떠올리면서 내게도 그 같은 향상이 가능할 것이라는 기분 좋은 예감을 가질 수 있기 때문이다. 베타 콘텐츠를 통해서 가드닝을 좀 더 쉽고, 만만하게 만들어보라. 작은 단위에서 가드닝을 경험하고 나면 점차 드넓은 정원도 머릿속에 그려볼 수 있을 것이다. 그렇게 나아가면 된다. 정원은 그런 반복 속에서 아름다워진다.

계획, 이탈과 재탐색

가드닝을 좌우하는 가장 큰 변수로 기후와 계절이 있다. 어떤 정원사도 결코 이를 가벼이 여기지 않는다. 현명한 정원사들은 자연을 더 잘 이해하기 위해 '식물계절학(Plant Phenology)'을 공부한다. 한 해를 열 개의 덩어리로 나누고, 그 기간에 기르면 좋은 식물을 달력에 꼼꼼히 표기하는 것이다. 이렇게 완성한 달력을 참고해서 정원사는 한 해의 가드닝 계획을 세운다.

콘텐츠 가드닝을 할 때도 마찬가지다. 자로 잰 듯 정확하지는 않아도 되지만 계획은 있어야 한다. 일상에서 얼마큼의 시간을 창작을 위해 쏟을지를 비롯해, 가드닝 전체에 들어갈 시간을 운용할 줄 알아야 한다. 어느 정도 기간을 잠복 생산기로 둘지, 또 얼마큼의 시간을 들여서 원고를 쓸지 정해놓는 것이다.

내 경우에는 《콘텐츠 가드닝》을 집필할 때 시간을 크게 세 덩어리로 나누었다. 베타 콘텐츠를 만드는 기간을 1개월, 잠복 생산기는 1년 정도, 원고를 쓰는 기간을 4개월로 잡았다.

처음 1개월은 A4 용지 여러 장에 다양한 버전의 베타 콘텐츠를 만들어본다. 도식이나 흐름도를 그리면서 내 콘텐츠의 모습을 구상해보는 것이다. 그러고 나면 아이디어를 마음껏 발산하는 시간을 1년 정도 둔다. 스스로에게 모험을 허락하는 것이다. 콘텐츠 모델을 잡고, 질문 목록을 떠올려가면서 콘텐츠를 뿌리 내린다. 마지막으로 책의 모습이 가장 구체적으로 드러나는 원고 집필 기간을 갖는다. 이렇게 가능한 선에서 자신에게 충분한 시간을 허락해보라. 나만의 가드닝 달력을 가지고 이를 따라가다 보면, 일상에도 활력이 생길 것이다.

단 계획을 세우고 지킬 때 유연함이 필요하다. 이전에 나는 아주 치밀한 계획을 세우고 콘텐츠 가드닝을 했다. 스스로 세운 마감 기한을 어기지 않으려 애썼다. 마감까지 남아 있는 시간을 계산해 하루에 써야 하는 글자 수를 산출해보기도 했다. 어떻게든 하루에 정한 글자 수를 채워 마감을 했다. 이렇게 계획에 맞춰 작업하는 것은 힘이 들지만 불가능한 일도 아니다. 계획하고 예상한 대로 착착 진행될 때의 쾌감도 있다.

하지만 마감 일자에 쫓겨 쓴 글은 아무래도 재미가 없었다. 티백을 5초 정도 담갔다가 빼낸 홍차처럼 이도 저도 아닌 싱거운 글이었다. 스스로에게 흥미롭지 못한 글이 어떤 반응을 불러올지는 불 보듯 뻔했다.

내가 가드닝을 즐기지 못한 것은 물론이고 이렇게 나온 창작물이 만족스러울 리가 없었다. 기한이 창작물의 탁월성을 보장해주는 것은 아니다. 정원은 공장이 아니며 가드닝은 공정이 아니다. 계획을 치밀하게 세우고 이를 따르는 것이 내게 도움이 되지는 못했다. 지금은 어떻게 하고 있을까?

나는 마치 '내비게이션'을 이용하듯 계획을 세우고 이를 따른다. 내비게이션을 켜면 가장 먼저 목적지를 입력한다. 안내에 따라 운전을 해보지만 제때 경로에 진입하지 못할 때도 있다. 그래도 큰 문제는 없다. 내비게이션이 알아서 새로운 경로를 잡아주기 때문이다. 수시로 경로를 이탈해도 내비게이션은 당황하지 않는다. 언제나 침착하게 새로운 경로를 재탐색해준다.

회사생활을 할 때는 계획에 맞추어 착오 없이 일을 진행하는 것이 무엇보다 중요하다. 하지만 가드닝에서는 그럴 필요가 없다. 목표는 언제나 '가드닝의 완수'이며, 중간에 경로가 바뀌어도 목적지에 닿기만 하면 된다. 생계를 목적으로 창작하는 전업 작가가 아닌 이상, 작업 계획에 차질이 생기는 것은 어쩌면 당연한 일이다. 계절의 미세한 변화에 따라 가드닝 계획이 바뀌는 것처럼, 창작자가 주변 환경에 유연하게 대응하는 것은 지극히 자연스러운 일이다. 내비게이션을 사용할 때처럼 '계획 세우기'와 '경로 이탈하기', '재탐색하기' 사이를 자유롭게 오가보자. 목적지를 염두에 두고 큰 방향성을 유지하되 길을 잘못 들면 계획을 다시 세우면 된다. 무수한 이탈과 재조정이 창작의 원동력이 될 때도 있다.

모호함의 쓸모

콘텐츠 가드닝을 이어가다 보면 그 과정이 꽤나 모호하게 느껴질 때도 있다.

공장의 공정은 정해진 단계를 벗어나는 일이 없다. 각각의 단계에서 하는 일은 명확하며 의문의 여지가 없다. 반면 가드닝의 여정은 모호함으로 가득하다. 베타 콘텐츠를 만들기 위해 책 한 권을 읽었는데 그것이 기존의 생각과 전혀 다른 방향으로 영감을 주기도 하고, 목차를 세우는 과정에서 다음에 쓸 책의 아이디어를 얻기도 한다. 완벽한 단계에 구애받지 않고 가드닝이라는 커다란 흐름 안에서 자유롭게 유영하는 것이다.

창작자라면 가드닝의 모호함을 난해함으로 받아들이기보다는 모험으로 받아들여야 한다.

봉준호 감독은 식사를 하기 위해 이동하던 차 안에서 불현듯 〈기생충〉의 기존 각본을 뒤집을 만한 아이디어를 얻는다. 이것을 계기로 마지막 3개월간 시나리오를 다시 썼다. 극 중 문광이 초인종을 누르면서 시작되는 영화의 후반부가 이렇게 만들어진다. 봉준호 감독은 아마도 하나의 콘텐츠를 완성하는 데 벌어지는 우연성, 모호함, 불확실성을 즐겼을 것이다. 자신이 가진 아이디어를 오랜 시간 숙성시키면서, 더 좋은 아이디어에 대해서도 가능성을 열어둔다. 그 모호함의 쓸모를 십분 활용하는 것이다. 과연 노련한 창작자라 할 만하다.

모호함을 받아들일 때에야 비로소 새로운 아이디어에 대한 배타적이고 방어적인 자세를 내려놓을 수 있다. 최초의 아이디어를 고수하는 것이 아니라 한껏 열린 태도로 새로운 아이디어가 내 안에서 흐를 수 있게 하는 것이다. 그 모호한 모험은 내용 자체에도 영향을 주지만 가드닝의 여정 자체를 모험으로 만들기도 한다. 중간에 샛길로 빠지는 것을 스스로에게 충분히 허락한다면 지금껏 상상해본 적 없는 곳에 가닿을 수도 있다.

나는 몇 년 전 에버노트를 주제로 총 3편의 콘텐츠를 만들 계획이었는데 관심사가 확장되어《생산적인 생각습관》이라는 책을 냈다. 이후 IT 도구 활용 방법에 대한 콘텐츠를 계속 만들 계획이었으나 관심사가 새롭게 뻗어나가《회사 말고 내 콘텐츠》를 출간했다. 그리고 이러한 일련의 집필 활동이 바로 이 책《콘텐츠 가드닝》까지 다다르게 된 것이다.

《콘텐츠 가드닝》은 내 계획 그 어디에도 존재하지 않았다. 상상조차 한 적이 없다. 모호한 여정에서 우연히 발견한 아이디어일 뿐이다. 나는 이후로도 여러 번 샛길로 빠졌고 몇 년에 걸쳐서 서너 가지 작업을 이어가고 있다. 물론 그 씨앗들이 모두 싹을 틔울지는 알 수 없다. 더 새롭고 흥미로운 씨앗을 만난다면 또 다른 길로 들어설지 모른다.

콘텐츠 가드닝의 묘미는 모호함을 즐기는 데 있다. 처음에 가드너가 기대했거나 계획한 모습은 아닐지라도, 모험을 하며 만난 풍부한 이야기가 창작물에 가득 담기기 때문이다. 모호함을 받아들이면 어디로든 흐를 수 있다. 전체적으로는 질서를 향하도록, 그러나 부분적으로는 무질서를 허용하면서 길러나가는 것이다.

1930년대 런던에서도 모호함의 쓸모를 잘 아는 사람들이 있었다. 모임의 이름부터 '모호하고 완성되지 않은 암시와 아이디어를 찾는 사람들'을 의미하는 '잉클링스(The Inklings)'였다. 잉클링스의 멤버들은 자신들이 집필하는 원고를 낭독하며 서로 피드백을 주고받았다. 어느 멤버는 자신이 집필한 판타지 소설의 거의 대부분을 이 모임에서 낭독했는데, 나중에 이는 《반지의 제왕》으로 세상에 소개된다. 또 다른 멤버는 공상과학, 판타지, 시와 에세이, 그리고 개신교에 대한 원고를 낭독했는데, 이는 후에 《나니아 연대기》로 완성됐다. 판타지 소설의 거장인 J. R. R. 톨킨과 C. S. 루이스가 한데 모여 있던 것이다.

모임의 이름이 암시하듯 그들은 모호함이라는 여정을 함께 헤쳐나간 것이 아닐까. 모호해 보이는 아이디어를 흥미롭게 통과하며 톨킨과 루이스는 각각 호빗의 세계와 나니아의 세계에 다다랐다. 이렇듯 모호함의 다리를 건널 때 비로소 가드닝의 모험이 완성된다.

가드닝
도구

"여태껏 만나본 것 중 최고의 가드닝 도구!"

한국의 호미를 두고 아마존에 달린 상품평이다. 50년 넘게 대장장이로 일해온 석노기 장인의 '영주 호미'는 아마존에서 'Ho-Mi'로 불리며 인기를 끌고 있다. 넓은 경작지를 한꺼번에 손봐야 하는 북미에서는 커다란 농기계 중심으로 도구가 발달했지만, 고랑을 파거나 잡초를 제거할 때 필요한 섬세한 도구는 마땅치 않았다. 이것이 호미가 인기를 얻은 배경이다. 기능에 충실하게 디자인된 도구를 사용할 때 작업의 효율은 높아진다.

콘텐츠 가드닝을 할 때에도 적절한 도구가 필요하다. 먼저 내가 떠올린 아이디어를 잘 기록하기 위해서, 그리고 이를 토대로 작업을 연속적으로 이어가기 위해서 도구를 쓴다. 여기에는 기록할 수 있는 모든 도구가 해당된다. 스마트폰 기본 메모장과 메모 어플리케이션, 노트, 포스트잇, 그 무엇이든 좋다.

처음엔 기억에 의존해서 가드닝을 해도 별 문제가 없다. 포스트잇이나 A4 용지 한두 장에 모두 적을 수 있을 만큼 적은 분량이다. 하지만 가드닝을 이어가다 보면 한 번에 모두 기억할 수 없을 만큼 분량이 많아진다. 영화〈메멘토〉의 주인공은 10분마다 기억을 상실하는 단기기억상실

증을 앓고 있다. 10분 뒤면 사라질 자신의 기억을 붙잡으려고 그는 자신의 몸에 문신을 새기고, 사진과 기록을 필사적으로 남겨놓는다. 창작자도 이와 마찬가지로 매 순간의 영감을 기록해두고, 나중에 그 흔적을 바탕으로 창작을 이어갈 수 있어야 한다.

누구에게나 그럴듯한 아이디어는 한 번쯤 찾아온다. 다만 그 아이디어를 흘려보내지 않고 메모한 사람만이 가드닝의 열매를 맺는다. 가드닝은 여러 날을 두고 이어가야 한다. 내 생각의 흐름이 끊어지지 않고 연속적으로 이어질 수 있도록 도와주는 도구가 필요하다. 그렇지 않다면 번뜩이는 아이디어를 떠올리고도 금방 날아가버리고 말 것이다. 기억에 의존하지 말고 기록해야 가드닝을 이어갈 수 있다.

도구를 쓰는 또 다른 이유는 메모를 정리하고 이를 효율적으로 꺼내 쓰기 위해서다.

메모가 쌓이면 정리가 필요하다. 나만의 번뜩이는 아이디어, 책에서 옮겨 적은 문장, 질문 목록, 글감, 각종 정보와 자료가 모두 메모가 된다. 서로 다른 속성의 메모가 순식간에 쌓여나간다. 정리하지 않으면 금세 마구 뒤섞인다. 또한, 기록한 것들이 사방팔방 흩어지면 곤란하다. 분명히 어딘가에 적어뒀는데 찾을 수가 없다. 한 번 사용한 재료인데 중복해서 꺼내 쓰게 될 수도 있다. 빠르게 번져 나가는 생각과 쌓여가는 재료들을 어떻게 효과적으로 정리할 수 있을까?

생각에도 서랍이 있다. '무엇을-어디에'를 한 쌍으로 바라보고 메모를 보관할 장소를 미리 정해두는 것이 좋다. 메모의 속성이 서로 다르다면 각각의 서랍을 만들어주어야 한다.

예를 들어 나는 인터넷에서 스크랩한 내용은 전부 에버노트에 모아둔다. 책 한 권을 쓰면서 참고할 정보와 자료를 여기에 모은다. 콘텐츠 내용을 떠올렸다면 이는 모두 워크플로위에 적는다. 태그, 묘목 글, 목차를 전부 이곳에 정리한다. 가드닝을 할 때 가장 많이 활용하는 도구다. 한편, 콘텐츠 제작과 관련해 할 일이 떠오를 때는 펜을 들고 포스트잇에 적어둔다. 눈에 잘 띄는 곳에 붙여두고 상기하기 위해서다. 말하자면 메모의 속성에 따라서 여러 도구를 쓰는 것이다. 무엇을 어디에 적었는지 막힘없이 떠올릴 수 있다면 그것을 꺼내서 사용하는 일도 수월해진다. 가드닝에 속도가 붙는 것이다.

그렇다고 지나친 정리벽에 빠지지 않도록 조심해야

한다. 모든 것을 완벽하게 정리하려다 보면 끝이 없다. 정리를 하는 이유는 필요할 때 빨리 꺼내 쓰기 위해서다. '정리를 위한 정리'가 되어서는 곤란하다. 우리의 보물 같은 글감을 필요할 때 꺼내서 활용할 수만 있다면 그것으로 충분하다.

디지털 도구는 분명 효율적인 작업을 돕지만 도구에 능숙하지 못한 경우에는 혼란을 주기도 한다. 아이디어를 디지털 공간에 옮겨두었지만, 도대체 어디에 적었는지 잊어버리는 것이다. 디지털 도구 사용이 낯설거나 친숙하지 않다면 아날로그 방식에서 출발해보는 것도 좋다.

포스트잇, 메모지, A4용지 그리고 그것들을 담아둘 상자만 있다면 준비가 끝난다. 아이디어가 떠오를 때마다 포스트잇에 키워드를 적거나, A4 용지에 흐름도를 그려본다. 그 메모를 모두 상자에 보관하고 시간을 내서 정리한다. 시간이 지나면 메모가 상당히 쌓일 것이고, 메모를 종류별로 나누어 담을 상자도 필요해진다. 또 하루는 메모를 모조리 바닥에 늘어놓고 목차를 잡아보아야 한다.

몰스킨의 공동창업자인 마리아 세브레곤디는 "인간은 아주 물리적인 존재"라고 못박는다. 그의 말대로 아날로그 도구로 메모하는 것은 고전적이면서도 확실한 방법이다.

가능하다면 자신에게 친숙한 도구를 하나쯤은 마련해보라. 디지털 도구가 됐든, 아날로그 도구가 됐든 선호에 따라서 나를 도와줄 도구를 찾아보는 것이다.

그런가 하면 자신이 생각한 것만큼 도구를 체계적으로 사용하는 게 어려울 수도 있다. 우리의 목적이 어디까지나 '가드닝'이라는 점을 상기하자. 도구 마스터가 될 필요는 없다. 아이디어를 놓치지 않고 메모하고, 메모한 것을 정리하고, 정리한 것을 제때 꺼내서 사용하고 있다면 그것만으로도 넘치게 충분하다.

작가들이 가장 많이 활용하는 단축키는 단연 '복사(ctrl+c)'와 '붙여넣기(ctrl+v)'일 것이다. 이 두 단축키를 사용할 수 있게 된 것은 고작 50년이 조금 넘었다. 키보드 타이핑으로 활자를 쓰게 된 것도 150년 남짓이다. 한때는 종이와 연필 혹은 붓과 벼루만으로 세상을 움직이는 창작물이 나왔다. 그 역사가 키보드의 역사보다 훨씬 더 길다. 가드닝은 도구에 의해 좌우되지는 않는다. 머릿속에 떠다니는 생각을 문장으로 옮겨 적을 수만 있다면 누구라도 콘텐츠 가드닝을 할 수 있다.

기르기와
자라기

'과연 내가 한 것이 맞나?', '내가 어떻게 한 거지?', '내가 이런 결과물을 의도했나?'

가드닝을 즐긴 끝에 자신의 콘텐츠를 완성한 사람이라면 이런 난처한 질문을 마주하기도 한다. 이 질문들은 가드닝의 가장 오묘한 지점으로 우리를 데려간다. 분명 우리는 가드닝을 시작할 때 선명한 의도로 창작물을 완벽하게 설계하지 않았다. 그런데도 가드닝을 하는 사이 창작물이 점차 제 모습을 갖춰가는 것이다. 이런 모습의 창작물이 나오리라고 스스로도 예상하지 못했다. 결과적으로 보니 절묘하게 내용의 아귀가 맞아떨어진 것뿐이다. 더 나아가면, '내 콘텐츠가 이런 것을 말했어야 하는구나'고 창작자 자신이 뒤늦게 깨닫는 경우도 있다. 처음에 내 머릿속에 없던 생각을 문장이 대신 말해주는 듯한 기분마저 든다. 의아한 일이다.

누군가는 이를 다음과 같이 표현했다. 자신의 천재성이 일하고 있지 않을 때는 "다른 사람의 천재성이 부업을 뛰는 것"이라고. 창작 과정에 자신이 아닌 다른 무언가가 개입한다고 본 것이다. 나도 가드닝을 하는 동안에 우리가 알지 못하는 무언가가 깃든다고 믿는다. 그것이 뮤즈(muse)든, 우리 안에 숨겨진 천재성이든, 아니면 무의식이든. 어쩌면 우리는 창작물의 옆구리를 쿡쿡 찌르는 역할을 잠시 맡았을 뿐인지도 모른다. 생명이 있는 것이 스스로 돋아나 자라나도록 돌보고 지켜보며 촉진하는 사람처럼 말이다.

정원을 돌보는 사람은 그저 자신의 일을 할 뿐 식물은 제 스스로 자라난다. 잎사귀에서 영양분을 생성하면, 뿌리로 흘려보내거나 줄기로 끌어 올린다. 그것은 분명 식물이 스스로 하는 것이다. 부모가 자녀를 기르지만 자녀는 스스로 자라는 것과 같다. 생명이 있는 것이 어떻게 자라는지, 왜 자라는지 우리는 알 수 없다. 그저 생명은 자란다는 것을 경험적으로 알고, 이를 받아들일 뿐이다.

그러므로 무언가를 기른다는 것은 내가 길러낼 무언가가 제 스스로 자랄 힘이 있다는 것을 믿는 일까지 포함한다. 가드닝은 '기르기'라는 절반의 세계에 속해서 내가 할 수 있는 일을 하고, 나머지 절반은 '자라기'의 세계에 맡겨두는 것이다. 그 두 세상이 만나서 창조적인 순간을 빚어내고, 창작자가 그 신비로움을 맛보며 비로소 가드닝의 여정이 완성된다.

그러면 누군가 창작자에게 이렇게 반문할지도 모른다. "그럼 당신이 온전히 창작한 게 아니라는 말인가요?"

그럴지도 모른다. 그 대신 창작자는 창작 과정에서 만난 그 신비로움을 널리 나눌 기회를 얻는다. 봉준호 감독이 수백 번의 인터뷰를 통해 나누었던 것처럼 말이다.

가든,

좋은 콘텐츠란 무엇인가

2

울타리와
정원

컨테이너와 상상력

'담장으로 둘러싸인 폐쇄된 공간.'

정원(garden)의 어원을 따라가면 나오는 의미다. 울타리를 쳐서 자연과 경계 짓고 그 공간에 자연을 닮은 정원을 만든다. 정원의 역사는 울타리를 치면서 시작되었다.

콘텐츠와 컨테이너의 관계도 이와 비슷하다. '콘텐츠(contents)'와 '컨테이너(container)'는 각각 내용물과 그릇을 의미한다. 컨테이너라는 구분된 공간에 콘텐츠가 담긴다. 물은 컵에 담기고, 영상은 유튜브에 담긴다. 그릇이 있어야 내용물도 있는 것이다.

콘텐츠가 범람하게 된 것도 여러 컨테이너가 등장했기 때문이다. 크기와 모양이 다양한 그릇들이 생겨나자 그 안에 들어갈 내용물도 다양해졌다. 유튜브라는 컨테이너는 먹방이나 브이로그 같은 콘텐츠 장르를 낳았다. PC라는 물리적인 컨테이너가 생기고 인터넷까지 보급되자, 옆으로 넘기는 만화책 대신에 스크롤을 따라 위에서 아래로 읽는 웹툰이 생겨났다.

그렇기에 초심자라면 콘텐츠를 만들기 전에 컨테이너를 고려하는 것으로 다양한 아이디어와 힌트를 얻을 수 있다. 콘텐츠는 분명 중요하지만 그릇 없이는 내용물도 존재할 수 없기 때문이다. 최근 많은 창작자들은 자신에게 맞는 컨테이너를 발견한 뒤 어떤 콘텐츠를 만들지 빠르게 찾아나가고 있다. 2017년만 해도 전자책은 전용 리더기로만 읽을 수 있는 새로운 콘텐츠였다. 나 역시 이 컨테이너 덕분에 《에버노트 생각서랍 만들기》라는 전자책을 만들 수 있었다. 초심자라면 새로운 컨테이너가 기회가 될 수 있다. 요즘은 유튜브뿐만 아니라 펀딩, 메일링 서비스, 온라인 강의 등 누구나 손쉽게 콘텐츠를 만들 수 있는 플랫폼이 늘고 있다. 콘텐츠를 만들기 전에 내게 맞는 컨테이너를 두루 살펴보면 유익한 이유다.

그런가 하면 불과 몇 년 사이에 큰 변화가 있었다. 유튜브가 주요 컨테이너로 자리매김한 것이다. 유튜브는 많은 것들을 흡수했다. 이제 IT 도구 사용 방법을 익히기 위해 책을 읽는 것은 낡은 방식이 되고 말았다. 유튜브를 보면서 배우는 쪽이 훨씬 빠르고 편리하다. 그 밖에 운동, 집꾸미기, 요리도 영상을 참고해서 익히는 게 더 효과적이다. 활자 인쇄가 가능해지고 나서 필경사들의 필사가 사라졌듯이, IT 도구 사용법을 활자로 소개하는 것이 의미를 잃고 있다. '적지적수(適地適樹)'란 말이 있다. 기후와 토양의 입지에 맞게 적합한 수종을 심어야 한다는 말이다. 콘텐츠도 그렇다. 가장 적절한 컨테이너에 담겨야 더 깊이 뿌리 내리고 더 멀리 확장될 수 있다.

한편 컨테이너가 생겨났다고 해서 자동적으로 콘텐츠 장르가 탄생하는 것은 아니다. 오늘날 먹방은 공중파, 유튜브 가리지 않고 흔히 볼 수 있게 됐지만 처음부터 그러지는 않았다. 누군가가 컨테이너에서 할 수 있는 것을 상상하고 시도한 덕분이다.

이전에도 새로운 것을 상상하며 시도하는 창작자가 콘텐츠의 흐름을 이끌었다. 마이클 잭슨 이전의 음악이란 라디오를 통해 '듣는 것'에 가까웠다. TV가 있었지만 라디오가 주류였다. 그러나 마이클 잭슨이 문워크 댄스를 비롯한 압도적인 무대를 선보이고, 전례를 찾아볼 수 없는 14분짜리 〈스릴러〉 뮤직비디오를 TV로 공개하면서 판도가 바뀌기 시작했다. '듣는 음악'에서 '보는 음악'의 시대가 열린 것이다. 가수들에겐 무대 위에서의 퍼포먼스가 중요해졌고 뮤직비디오의 역할도 커졌다. 분명 그는 우리가 음악을 즐기는 방식에까지도 영향을 미쳤을 것이다.

또한 평범해 보이기만 하는 컨테이너도 새롭게 바라본다면 콘텐츠가 자라날 수 있는 좋은 입지가 될 수 있다.

김동식 작가는 유머 커뮤니티의 '공포게시판'에서 글을 연재하다가 《회색인간》을 출간했고, 이슬아 작가는 이메일 구독 서비스를 통해 독자를 만났다. 누구도 주목하지 않는 무대를 재발견한 것이다.

'누구나 알아야 할 가장 소중한 것은 무엇일까?'

질의응답 웹사이트, 쿼라(Quora)에 올라온 질문이다. 조던 피터슨 교수는 이 질문에 42가지의 기나긴 목록으로 답했다. 그의 답변은 커뮤니티 밖에서도 화제가 되면서 큰 주목을 받았다. 그리고 이는 나중에 《12가지 인생의 법칙》을 쓰는 계기가 됐다. 콘텐츠 씨앗이 입지를 잘 만난다면 쉽게 싹을 틔울 수 있다. 그렇기에 우리가 해야 할 일은 상상력을 발휘해 컨테이너를 바라보는 것이다.

언뜻 보면 한정된 크기의 그릇은 일종의 제약처럼 느껴지기도 한다. 컨테이너의 형식을 따라가다 보면 무엇을 담아야 할지 뻔해 보이고, 특별히 새로울 것도 없어 보인다. 이미 모든 콘텐츠 장르가 시도된 것만 같다.

만일 그렇게 느껴진다면 '책'을 보자. 활자로만 이루어졌다는 것은 얼마나 큰 제약인가. 동영상도, 음성 정보도 담을 수 없다. 오로지 문장에만 의존해야 한다. 그러나 그 제약 안에서 문명이라고 부를 수 있는 것들이 모두 나왔다. 수많은 작가들은 독자가 상상할 수 있는 세상 그 너머를 보여줬다. 오늘날처럼 다양한 컨테이너가 없던 시대에 우리가 참고할 수 있는 오래된 상상력이 응축되어 있는 것이다.

하나의 점에서 폭발한 우주가 끝없이 팽창하고 있다는 빅뱅이론처럼, 콘텐츠 은하계는 이제 겨우 시작되었을지도 모른다. 앞으로는 컨테이너라는 '형태'와 함께 콘텐츠라는 '내용'이 기존의 범주 밖에서 더 많이 등장할 것이다. 컨테이너를 관찰하는 데서 콘텐츠의 입지를 발견할 수 있다. 한계 지어진 컨테이너라는 틀 안에서 상상력을 마음껏 발휘한다면 언젠가 그 제약을 뛰어넘는 도약도 가능해질 것이다. 세상은 더욱 참신한 콘텐츠를 불러내고 있다.

함께 누리는 정원

콘텐츠의 스펙트럼이 넓어진 데는 유튜브의 공이 컸다. 이제 유튜브는 단순한 동영상 콘텐츠 플랫폼이 아니다. 그것은 사회의 소통 방식과 더불어 정보의 교환 방식, 개인의 문화 양식을 모두 바꾸었고 특정 산업군마저 파괴하거나 탄생시키고 있다. 평소에 유튜브를 즐겨 보지 않는 사람도 그 영향력 밖에 있기란 어려운 일이 됐다.

어떻게 유튜브는 이만큼이나 거대한 영향력을 갖게 되었을까?

가장 큰 이유는 유튜브가 영상의 생산, 소비와 유통을 빠르게 만들었다는 점이다. 책이 고체라면 영상은 기체다. 원래는 기체를 주고받는 것이 불가능했지만, '온라인'이라는 파이프가 전 세계에 설치되자 이동 속도가 매우 빨라졌다. 그 뒤에는 호흡기관과도 같은 스마트폰이 개인에게 쥐어졌고, 파이프는 각각의 호흡기관에 연결되었다. 그 결과, 마치 숨을 쉬듯 빠르게 영상을 소비하고, 생산하고, 유통할 수 있게 된 것이다.

토대가 갖춰지자 입지를 찾지 못했던 콘텐츠들도 유튜브라는 무대 위에 오르게 됐다. 시간 가는 줄 모르고 재밌게 볼 수 있는 영상이 가득 찼다. 유튜브가 아니라면 어떻게 이렇게 다양한 사람들이 살아가는 모습을 볼 수 있었을까. 또 독창적인 창작자들 덕분에 관심이 없던 분야에도 금방 흥미가 생긴다. 일상에서 만나는 소소한 문제쯤은 유튜브 검색을 통해서 즉시 해결할 수 있다.

그러나 늘 그렇듯이 변화는 기회와 문제를 동시에 낳는다. 유튜브의 파괴력이 만만치 않다. 필요한 만큼만 보고 멈추고 싶지만 그게 잘 되지 않는다. 각자의 페이스대로 생산적으로 소비하기가 쉽지 않다. 알고리즘의 추천으로 끊임없이 이어지는 자극에 반응하느라 주체적으로 생각할 기회를 잃는다. 만일 아날로그와 디지털을 모두 경험한 세대라면 유튜브로부터 적당한 거리를 두는 것이 가능하다. 하지만 어린 세대에게는 '유튜브 거리두기'가 쉽지 않은 과제다.

유튜브가 낳은 문제 가운데 '문해력 저하'도 빼놓을 수 없다. 아이들이 글을 읽지 않는다. 아니 읽지 '못한다'. EBS에서 방영한 〈당신의 문해력〉 시리즈는 학생들이 글을 읽고 의미를 해석하는 역량이 얼마나 취약해졌는지를 잘 보여준다. 영상을 따라가는 데만 익숙해진 눈은 활자 앞에서 멈칫거린다. 낮아진 문해력은 국어 영역에만 영향을 끼치는 것이 아니라, 다른 과목을 학습할 때에도 영향을 미친다. 문제를 이해하고 해석하는 일에서조차 애를 먹는 것이다. 영상에 고정된 시선을 어떻게 돌릴 수 있을까?

문해력을 되찾으려면 유튜브가 밀어낸 책으로 향해야 한다. 전문가들은 독서만큼 문해력을 높여줄 수 있는 것이 없다고 입을 모은다. 별다른 노력 없이 소비할 수 있는 영상과 달리 책을 소화할 때는 높은 수준의 인내심과 집중력, 시간이 필요하다. 그 대신 독자는 읽는 속도를 조절하면서 저자가 던지는 생각을 곱씹고 소화하고, 생각의 주체가 될 기회를 얻는다. 책에는 링크가 없다. 하지만 그렇기 때문에 역설적으로 책을 읽을 때 우리 머릿속에서는 의미를 연결시키는 링크가 활성화된다. 온라인상에서 우리는 '링크'에 쉽게 길들여지지만, 독서는 우리 자신의 생각 사이에 '링크'를 만드는 것을 능숙하게 만든다.

이런 점들 덕분에 책은 문해력만 되찾아주는 게 아니라, 독자가 자기 자신을 이해하고 경험할 수 있게 도와주는 훌륭한 수단이기도 하다. 저자가 문장을 통해 계기를 주고 독자는 자기만의 의미를 완성해간다.

그렇다고 해서 책과 유튜브가 양자택일의 문제는 아니다. 유튜브가 물리쳐야 할 대상도 아니다. 유튜브가 낳은 창의적이고 흥미로운 콘텐츠도 결코 적지 않다. 불확실한 시대에 넓은 시야로 미래를 탐색할 수 있게 돕는 도구이기도 하다. 하지만 그러한 콘텐츠 소비 경향이 본의 아니게 미래 교육에 치명적인 위협이 되고 있다면 어떻게 해야 할까? 부작용이 있다면, 그 역할을 다시 바라봐야 한다.

콘텐츠를 소비하고 만드는 일은 철저히 개인적인 차원에 머무르는 것처럼 보인다. 어린 자녀를 둔 분들과 대화를 나누기 전까지는 나도 그렇게 생각했다. 강의나 북토크 자리에서 부모와 교사들의 고충을 종종 듣는다. 대화는 그분들이 쓰고자 하는 책으로 시작해서, 나중에는 자녀가 책을 한 권도 읽지 않는다는 호소로 끝이 난다. 아이가 도대체 어떤 콘텐츠를 보는지 알기 어렵다는 말도 덧붙인다.

우리가 책 대신 유튜브를 선호하자 영상이 쏟아졌다. 수요가 생기고 공급은 늘었다. 이는 자연스럽게 다음 세대가 무엇을 볼지에까지 영향을 미쳤다. 개인 차원의 선택이 모여 사회의 흐름을 이루고, 이는 다시 개인에게 높은 수준의 고민을 안겨준다. 우리가 만들려는 콘텐츠가 가진 사회적 영향과 가치를 무시할 수 없게 된 것이다. 의식하든 그렇지 않든, '콘텐츠 가드닝'도 사회적 차원의 일인 것이다.

로이스 로리는《기억 전달자》에서 콘텐츠의 사회적 역할을 날카롭게 포착해낸다. 소설의 배경이 독특하다. 지도자들은 어떠한 종류의 차별도 허락하지 않는 평등한 사회를 건설하고자 했다. 이 미명하에 시민들은 인간의 본원적 감정까지도 극단적으로 통제받는다. 이를테면 시민들은 평생 동안 사랑, 고통, 즐거움, 우정이 무엇인지 알 수도, 경험할 수도 없다. 무엇보다도 지도자들은 시민들이 이 감정들을 영원히 알지 못하게 하려고 사회에서 책의 존재를 철저히 숨긴다. 유일하게 '기억 전달자'와 '기억 보유자'라는 직업을 보유받은 두 명만이 책의 존재를 알고 있을 뿐이다. 로이스 로리는 소설을 통해 책을 잃은 사회의 비참한 단면을 생생하게 그려낸다.

우리는 콘텐츠 시대의 어디쯤에 서 있는지 알 수 없다. 어떤 것은 끝없이 펼쳐진 우주처럼 팽창하고, 어떤 것은 욕조 배수구에 빨려들어가는 물처럼 사라진다. 다만 분명한 것은 이제 콘텐츠가 철저히 독립적일 수 없다는 점이다. 그러므로, 가드닝을 한다면 자신이 콘텐츠에서 경험한 가장 좋은 것들을 어떻게 되돌려줄 수 있는지 고민해야 한다.

"우리 미래를 책임질 아이들에게 이 책을 드립니다."

《기억 전달자》서문에 로이스 로리가 남긴 말처럼 나만의 콘텐츠에는 사회적 영향과 가치까지 담겨야 한다.

이야기 접목(椄木)하기

'어떻게 해야 사람들이 내 콘텐츠를 찾게 될까?'

콘텐츠를 만들면서 자연히 떠오르는 질문이다. 분명

일부 콘텐츠는 세상에 나오는 순간 대중의 시선을 한 몸에 받는다. 콘텐츠가 맥락을 만나면 가능한 일이다. 이러한 맥락은 예상치 못한 순간에 외부에서 주어지기도 한다.

'군통령'이라는 수식어가 붙은 아이돌 그룹 '브레이브 걸스'가 그렇다. 이들이 한참 전에 군대에서 선보인 무대 영상이 유튜브에서 하루아침에 유명해졌다. 조회수는 무려 1,600만 회에 달한다. 그들의 곡은 몇 년 만에 차트를 역주행했고 많은 사람들이 팬을 자처하게 되었다. 지금의 멤버들이 동고동락한 지 5년 만의 일이다.

기세는 꺾일 줄 모른다. 어려운 무명 시절을 보낸 그룹의 사연이 화제가 되면서 '희망돌(희망+아이돌)'이라는 별명도 얻었다. 그들은 몇 년씩이나 고군분투했지만 자리를 잡기가 어려웠고, 잠정적으로 해체를 결정했다. 그 결정을 내린 지 불과 일주일이 채 안 되어 영상이 크게 화제가 된 것이다.

주목받지 못하던 어느 아이돌의 이야기에 맥락이 켜켜이 더해진다. 노력한 것이 인정받지 못할 때도 끝까지 최선을 다하는 모습, 실패로 끝날 뻔했던 그룹의 이야기, 주목받지 못하는 곳에서도 더할 나위 없이 무대를 즐기는 프로 정신, 아무리 작은 무대가 주어져도 감사와 겸손을 잃지 않던 모습. 그들이 곡과 함께 써나간 이야기다. 팬들은 그룹의 모습에서 자기 자신을 보았다면서 감동하고 호응했다. 마치 브레이브걸스가 현실의 벽에 부딪혀 좌절하는 사람들의 마음까지 대변해주는 것 같다.

물론 모두에게 이러한 운과 절묘한 맥락이 찾아오는 것은 아니다. 다만 우리는 스스로 콘텐츠 내부에 맥락을 만들어볼 수 있다.

하버드경영대학원의 바라트 아난드 교수는 《콘텐츠의 미래》에서 '콘텐츠의 질(quality)'을 고민하는 것을 넘어, '콘텐츠의 연결성(connection)'을 고민해야 한다고 말한다. 지금처럼 수많은 콘텐츠가 쏟아지는 상황에서는 콘텐츠와 독자, 혹은 제품과 사용자가 얼마나 유기적으로 연결되어 있는지가 관건이라는 지적이다. 디지털 시대에 신문은 이전과는 다른 방식으로 독자들과 연결되어야 하는 것처럼 말이다. 그는 책 전반에 걸쳐서 콘텐츠와 독자의 연결성을 높인 사례를 충실하게 소개한다.

이런 메시지를 담고 있는 《콘텐츠의 미래》의 도입부는 다소 뜬금없는 이야기로 시작한다. 저자는 1988년에 일어난 미국 옐로스톤국립공원의 화재와 그 진압 과정을 여러 페이지에 걸쳐 소개한다. 벌채 작업을 하던 인부 3명의 담배꼽초로 시작된 이 불은 옐로스톤국립공원 전체의 20%를 태우고서야 꺼진다. 서울 면적의 3배에 달하는 면적이었다. 저자는 불이 번져나간 경로와 진압 과정, 그리고 진압에서의 실수까지 꼼꼼하게 되짚으며 첫 장을 맺는다.

그는 왜 '콘텐츠의 미래'와는 아무런 상관이 없어 보이는 산불 이야기를 꺼냈을까? 그는 화재 진압 과정에서 벌어진 3가지 실수를 들면서, 자신의 이야기로 독자를 데려간다. 바로 지금 일어나는 콘텐츠의 범람이 곧 '디지털 화재'라는 것이다. 그는 이 디지털 화재를 어떻게 바라봐야 할지 이야기하고, 더 나아가 산불 진압에서처럼 콘텐츠를 만들 때도 3가지 함정에 빠지지 않아야 한다고 말한다. 산불에서 얻은 교훈을 자연스럽게 콘텐츠의 범주로 가져가는 것이다.

그의 책을 읽다 보면, 전혀 다른 분야의 두 이야기가 천천히 겹쳐 보인다. 불에 타는 산의 모습과 콘텐츠 범람의 시대가 자연스럽게 포개지는 것이다. 맥락을 자연스럽게 제안하여 독자의 이해를 돕는 것이다. 옐로스톤 산불은 국내 독자에게 생소한 것이지만 분명 미국의 독자들에게는 충분히 읽을 이유가 되었을 것이다.

그렇다면 콘텐츠에 맥락을 어떻게 만들 수 있을까?

맥락은 서로 다른 이야기를 접목(椄木)할 때 생겨난다. 자신이 콘텐츠를 통해서 하고자 하는 이야기와 누구나 관심 있을 법한 이야기를 서로 기대어 놓는 것이다. 그러면 자연스럽게 자신이 전하고자 하는 메시지로 독자를 초대할 수 있다.

자신의 콘텐츠에 맥락을 만들고 싶다면, 나와 상관없는 분야에서 내 콘텐츠와 닮은 이야기를 찾아보라. 두 이야기에 접붙임이 일어나고 맥락을 제안할 수 있게 된다.

이른바 코로나 시대다. 동시대를 살아가는 전 세계 사람들이 이 정도로 공통된 맥락을 가진 적이 있었을까? 이토록 비슷한 고민과 정서를 공유하면서 같은 문제를 마주한 적은 아마 없었을 것이다. 한바탕 벌어진 팬데믹 재난이 사그라들 때쯤, 사람들은 무너진 삶을 일으키면서 저마다의 이야기를 새로 쓰기 시작할 것이다. 바로 거기에 우리의 콘텐츠가 가닿을 맥락이 숨어 있을지도 모른다.

옐로스톤국립공원은 1988년에 폐허가 되었지만 소나무와 전나무가 썩어가면서 화산토에 새로운 양분이 되었다. 시간이 흘러 잿더미 속에서 자라난 소나무들은 다시 수 미터까지 솟아올랐으며 공원은 생명력을 되찾았다. 한동안 자취를 감췄던 희귀한 식물과 동물까지 다시 모습을 드러냈고, 2015년에는 350만 명이 찾는 국립공원이 되었다. 팬데믹 이후에 사람들은 옐로스톤국립공원이 보여준 '상실과 회복'이라는 맥락을 찾게 되지 않을까?

내 콘텐츠와 맞닿은 이야기를 발견해서 접목해보라. 우리의 콘텐츠를 예상치 못한 곳으로 데려다줄지도 모른다.

삶이

콘텐츠가 되는

아이디어

〰〰〰〰〰〰
〰〰〰〰〰〰
〰〰〰〰〰〰
〰〰〰〰〰〰

비료가 되는 삶의 부엽토

콘텐츠에 대해 흔히 갖는 오해가 있다. '내 삶엔 특별한 것도 내세울 것도 없는데 어떻게 콘텐츠를 만들 수 있는가' 하는 점이다. 특별한 경험은커녕 수없이 좌절하고 사람들에게서 거절당한 경험이 더 많다고 호소한다.

그렇지만 가드닝은 '콘텐츠 만들기'라는 행위에 방점이 찍힌다. 그것은 대단한 삶이나 뛰어난 커리어에서만 나오는 것이 아니다. 누구나 자신의 이야기를 다시 쓸 수 있는 힘을 갖고 있다. 그러려면 먼저 창고에서 먼지를 뒤집어쓴 채 나를 기다리고 있는 이야기로 향해야 한다.

지아 장(Jia Jiang)도 거절을 두려워했다. 10대 중반의 그는 고향 베이징에서 빌 게이츠의 강연을 들었다. 그의 강연에 크게 영감을 받은 그는 20대가 되면 미국으로 넘어가 사업을 하리라는 원대한 꿈을 품었다. 성인이 되고 실제로 미국으로 넘어간 그는 서른에 이르러서야 자신의 사업을 시작한다. 그러나 그를 기다린 건 화려한 성공이 아닌 반복되는 좌절이었다. 투자 유치는 번번이 거절당했다. 잇따른 실패보다 그를 더 힘들게 한 것은 따로 있었는데, 바로 그가 거절을 당할 때마다 도망치기 바빴다는 것이다.

그는 그런 자신이 부끄러웠다.

지아 장에겐 변화가 필요했다. 그는 거절에 둔감해지기 위해서 '100일간 거절당하기' 프로젝트를 시작한다. 햄버거를 먹고 나서 점원에게 '햄버거 리필'을 부탁하기도 하고, 처음 본 경비원에게 100달러를 빌려달라고 요청하기도 한다. 물론 거절은 계속됐다.

그러다 3일째가 되었을 때 놀라운 일이 벌어진다. 도넛 가게를 찾은 그는 '도넛으로 오륜기를 만들어달라'는 부탁을 했고, 점원은 왜인지 모르게 이 부탁을 진지하게 받아들인다. 지아 장은 친절한 점원에게서 오륜기 모양을 한 다섯 개의 도넛을 건네받는다. 낯선 이에게 건넨 요청이 작은 마법을 일으킨 것이다. 이때부터 지아 장에게 변화가 찾아왔다. 그는 거절을 당하더라도 그대로 돌아서지 않기로 했다. 거절한 이유를 묻거나 새로운 방식으로 요청하기 시작한 것이다.

프로젝트의 결과는 어땠을까. 그는 거절에 대한 두려움을 떨쳐낸 것은 물론, 거절 그 자체가 끝이 아님을 배웠다. 거절을 당하더라도 재요청할 수 있음을 배웠고, 승낙을 이끌어내는 방법도 배웠다. 그 경험을 바탕으로 《거절당하기 연습》을 썼고, 지금은 사람들에게 거절에 담대하게 대처하는 법과 거절을 기회로 바꾸는 방법에 대해 알려주고 있다. 자신의 삶이 번번이 거절당하자 '거절'을 씨앗으로 하는 새로운 콘텐츠를 만들어버린 것이다.

지아 장과 마찬가지로 우리가 익히 알고 있는 수많은 콘텐츠는 창작자가 삶의 돌부리에 걸려 넘어질 때 비로소 나왔다. 걸려 넘어지면서 생긴 상처와 거절, 좌절과 낙담은 콘텐츠로 승화될 수 있다.

가드닝에서 최고의 비료로 꼽히는 부엽토(humus)는 죽은 동식물에게서 나온다. 생명을 다한 것들이 남기고 간 것의 대부분은 이산화탄소로 날아가지만, 극소량은 '부엽토'가 되어 새 생명을 촉진하는 역할을 한다. 죽은 것들이 산 것을 위해 길을 내준다. 우리의 '특별하지 않은 삶'도 콘텐츠의 질료가 될 수 있다.

내가 걷는 길 위에도 돌부리가 많다. 특히나 커리어 앞에서 좌절할 때가 그랬다. '내세울 것이 없는 커리어'가 아니라 애초에 커리어에 진입조차 하기가 어려웠다. 내가 돌부리에 걸려 넘어질 때, 동창인 한 친구는 선망받는 모험가의 삶을 살고 있었다. 그는 히말라야를 등정하고 아마존 밀림에서 마라톤을 하며 말을 타고 몽골 대륙을 횡단했다. 이어서 영화를 제작하고 파일럿이 되었다. 지치지도 않고 모험을 이어나가는 그의 삶이 눈부셨다. 그를 보면서 그런 특별한 삶에서만 콘텐츠가 나올 수 있다고 믿었다.

그러나 나만의 가드닝을 시작하면서 돌부리에 걸려 넘어진 이야기도 귀한 부엽토가 될 수 있다는 것을 진지하게 받아들이게 되었다. 우리가 살 수 있는 최선의 삶을 살면서 때로 부엽토를 발견했다면 그것으로 가드닝을 할 수 있다. 따라할 수 없는 삶을 허망하게 바라보는 게 아니라 내 삶에서 가장 좋은 것에 주목하고, 이를 건져 올려 콘텐츠에 담는 것이다.

창고에는 아직도 주목받지 못한 채 당신을 기다리는 이야기가 있다. 먼지를 털어내고 창고에서 정원으로 가져간다면 가장 비옥한 비료가 되어줄 것이다.

콘텐츠는 우리의 이야기를 다시 쓸 수 있게 해준다. 설령 그런 시도 끝에 콘텐츠를 만들지 못하더라도 전혀 손해보는 일은 아니다. 자신의 삶을 새롭게 바라보고 돌아볼 기회를 얻었기 때문이다. 이렇듯 콘텐츠는 특별한 삶에서 나오지 않는다. 자신을 향한 특별한 시선에서 시작된다.

관점과 오리지널리티

창작자에게 가장 큰 찬사는 "독창성(originality)이 있다"는 말이 아닐까. 어떤 창작물이든 창작자의 고유한 관점이 녹아 있다. 그 관점이 참신하고 설득력까지 갖췄다면, 사람들은 그것을 오리지널리티가 있다고 평가할 것이다.

애덤 그랜트는 《오리지널스》에서 세상에 커다란 변화를 가져온 독창적인 사람들을 '오리지널스(originals)'로 명명했다. 그는 이들의 궤적을 추적하고, 방대한 논문을 해석하면서 오리지널스에 대한 자신만의 고유한 관점을 정리해나갔다.

책은 한 학생이 애덤 그랜트에게 사업 투자를 부탁하는 이야기로 시작한다. 학생은 애덤 그랜트를 찾아와 구상 중인 사업에 대해 설명하고, 총 네 명이 함께 회사를 세울 거라고 덧붙였다. 신중하게 투자하고 싶었던 애덤 그랜트는 물었다. "너희들 이거(사업) 여름방학 내내 할 거지?" 학생은 답했다. "아니요. 어떻게 될지 몰라서 네 명 모두 회사에서 인턴십을 할 생각이에요."

애덤 그랜트는 사업이 잘 안 될 경우까지 고려해 대비책을 마련해둔 학생들이 못 미더웠다. 그들의 창업을 결코 진지하게 받아들일 수 없었다. 그는 투자를 거절한다. 그러나 시간이 지나고 철부지 학생들이 세운 회사 '와비파커'는 시가총액 10억 달러를 훌쩍 넘기며 큰 성공을 거두었다.

그의 판단과 선택은 실패했다. 하지만 여기서 그는 참신한 관점을 얻는다. 흔히 독창적인 사람들이 위험을 기꺼이 끌어안는 것처럼 보이지만 실상은 다르다는 것이다. 오히려 그들이 안전한 보험을 들어두었기 때문에, 불확실성이 높은 영역에서는 배짱 있게 덤빌 수 있었다. 관점을 바꾸니 새로운 해석이 나온다. '독창성'에 관한 애덤 그랜트의 새로운 관점은 탁월했고 그 자체로 독창적인 것이었다.

사람들은 흔히 오리지널리티를 타고난 본성처럼 생각한다. 고유한 생각과 표현은 창작자에게 내재된 것이며 그것이 처음부터 주어졌다고 여기는 것이다. 하지만 애덤 그랜트의 사례에서 알 수 있듯이 관점은 자신의 경험과 사유를 통해서 서서히 다듬어진다. '어디서 무엇을 어떻게 볼 것인가'를 치열하게 고민하는 동안에 관점이 날카로워지는 것이다.

"말려야지! 지금 뭐 하는 거야!"

강형욱 훈련사의 얼굴만 봐도 그의 호통이 귀를 때리는 것만 같다. 그는 이른바 '개통령'이라 불린다. 그에게는 어떤 관점이 있기에 이러한 수식어까지 붙었을까?

그는 문제를 일으키는 반려동물만 주목하지 않는다. 반려동물의 행동에서 보호자의 문제점을 바라본다. 그는 우리의 태도가 반려동물의 행동을 결정한다는 사실을 자연스럽게 알려준다. 그의 훈련법과 콘텐츠는 일종의 거울 같아서 반려동물을 통해 그 보호자를 비춰준다. 그 덕분에 훈련사를 오랜만에 찾은 보호자 중에는 외모가 몰라보게 달라진 경우도 있다. 반려동물을 제대로 돌보려고 애쓰다 보니, 자연스럽게 보호자 자신이 체중 감량을 하게 된 것이다. 이 밖에도 반려견의 이상 행동을 걱정하던 보호자가 오히려 자신의 잘못을 깨닫는 묘한 장면도 자주 연출된다.

반려동물 훈련사는 많지만, 강형욱 훈련사처럼 반려견을 통해서 보호자가 스스로 성찰하도록 돕는 사람은 없다. 이것이 강형욱 훈련사만의 고유한 관점이다.

같은 키워드를 놓고도 거기에는 수많은 관점이 존재한다. 콘텐츠 씨앗으로 삼은 게 있다면, 한번 검색해보라. 온갖 분야에서 그에 대해 다룬 책을 발견할 수 있을 것이다. 그리고 그들이 어떤 입장에서 씨앗을 바라봤는지 살펴보다 보면 내 관점을 다듬어가는 일도 어렵지 않게 느껴질 것이다.

몇 년 전, 몽골로 여행을 갔을 때 드넓은 사막을 홀린 듯이 바라본 경험이 있다. 몽골의 모래 언덕에 올라서서 멀찍이 내다보면, 무엇 하나 시야를 가로막는 것이 없었다. 자꾸 저 너머 더 먼 곳을 내다보고 싶게끔 하는 무엇이 있었다. 시야가 끝없이 트여 있는 곳에 올라보고서야, 시야(視野)가 왜 '볼 시, 들 야'인지 알게 됐다. 내 인생에서 가장 넓은 시야로 세상을 바라본 순간이었다.

넓은 시야로 광활한 사막을 경험하고 나니 한국과 몽골의 대조적인 특징이 선명히 보였다. 대자연에 둘러싸인 영토 150만 km²의 몽골에서 6인치짜리 스마트폰 화면에 시선을 고정한 채 살아가는 모습이 눈에 들어온 것이다. 몇 인치 안 되는 액정 화면에 내 시야가 갇힌 모습이었다. 거꾸로 한국에 서서 몽골 사람들을 바라봤더니 지구를 가장 넓게 사용하는 사람들이 눈에 들어왔다. 인구 밀도가 낮은 나라인 데다가, 몽골인들은 수천 만 마리의 야생 동물을 길들이고 광활한 대지를 유목하며 살아간다. 무엇보다 그들의 시야를 가로막는 것은 어디에도 없다.

몽골의 사막 언덕에 서서 스마트폰에 얼굴을 파묻은

나를 바라보거나, 한국의 빌딩 숲에서 말을 타고 광활한 사막을 내달리는 몽골인을 바라볼 때, 우리는 새로운 관점을 얻을 수 있다.

스마트폰 속 세상엔 우리의 시선을 사로잡는 멋진 콘텐츠가 가득하다. 매력적인 관점을 가진 콘텐츠가 쉴 새 없이 나에게 말을 걸어온다. 그러나 소비할 때 주의를 기울이지 않는다면 자칫 나만의 관점은 흐려지기 쉽다. 금세 확증편향에 빠지기도 한다. 콘텐츠의 향연을 즐기다가 자신에게 고유한 관점이 하나도 남아 있지 않다는 생각이 들었다면, '어디에 설 것인가' 그리고 '무엇을 바라볼 것인가'를 찾아볼 때다. 여기에 다양한 키워드를 대입하며 자신이 할 수 있는 이야기를 탐색해보라. 그곳으로부터 오리지널리티는 탄생할 것이다.

남다른
콘텐츠의
시작

잘하는 것 × 좋아하는 것

'좋아하는 일과 잘하는 일 중 무엇을 해야 할까?'

거리어의 방향을 고민해본 사람이라면 한 번쯤은 만나봤을 뫼비우스의 띠 같은 질문이다. 그렇지만 이 질문을 콘텐츠 영역으로 가져오면 마음이 놓인다. 창작자는 자신이 잘하는 것과 좋아하는 것을 황금 비율로 배합해서 콘텐츠를 기를 수 있기 때문이다.

무명의 창작자라면 처음부터 자신의 창작물로 외부의 보상을 받기 어렵다. 콘텐츠가 더 많이 읽히고, 알려지고, 퍼지기 전까지는 긴 터널과 같은 시간을 건너야 한다. 그 터널을 지나기 위해서는 '내가 좋아하는 것'과 '내가 잘하는 것' 이 두 가지를 손에 쥐고 있는 것이 유리하다. 이 두 가지는 외부의 보상이 주어지지 않았을 때도 가드닝을 이어갈 수 있는 동력이 된다. 아이러니하게도 창작자들은 이 시간을 지나면서 자신이 좋아하는 것을 더 깊이 좋아하게 되고, 잘하는 것을 더욱 잘하게 된다.

유튜브는 연예인들의 주 무대였던 방송계를 위협하는 동시에 그들이 새로 설 수 있는 장을 제공하기도 했다. 많은 희극인들이 자신만의 유튜브 채널을 개설했고, 이전의 틀에서는 시도할 수 없었던 다양한 콘텐츠를 자유롭게 선보이고 있다. 하지만 진입 장벽이 낮아진 만큼 콘텐츠 경쟁도 치열해져 희극인 모두가 인기를 얻는 것은 아니다.

그런 와중에 독보적인 성장세를 보이며 인기를 끄는 채널이 있다. 바로 〈피식대학〉이다. 방송사 공채 출신 개그맨 3명이 모여 만든 〈피식대학〉은 지향점이 분명하다. 멤버들은 각자 두세 개 이상의 '부캐(부 캐릭터)'를 가지고 있으며 이를 연기하는 것이 주요 콘텐츠다. 이들이 선보이는 캐릭터들은 덮어놓고 '웃기다'고 말하기에는 애매하다. 일상에서 만났다면 눈살을 찌푸리거나, 꺼릴 만한 요소를 오묘하게 버무려서 캐릭터를 창조했기 때문이다. 그리하여 '너무 꼴 보기 싫지만, 이상하게 자꾸만 보게 되는' 캐릭터를 탄생시킨다. 이들은 시끄럽게 산행을 하며 주위에 민폐를 주는 듯하지만 묘하게 정이 가는 산악회 회원을 연기하기도 하고, 과도한 자기애에 빠진 느끼한 카페 사장을 연기하기도 한다.

그렇지만 그들이 '캐릭터 만들기'만으로 성공한 것은 아니다. 캐릭터는 그들의 디테일한 연기를 만나서 비로소 완성됐다. 콘텐츠마다 실존 인물이 아니냐는 댓글이 끊이지 않는다. 말하자면 〈피식대학〉은 캐릭터를 만드는 것과 이를 연기하는 것 두 가지를 독보적으로 잘해낸 것이다. 공중파에서는 크게 주목받지 못한 희극인들이 긴 터널을 지나고서야 비로소 그들의 유능함을 빛내고 있다.

당연한 말이지만 성공한 콘텐츠라고 해서 모두 같은 재능으로 만들어지는 것은 아니다. 그 안에는 서로 다른 유능함이 녹아 있다. 차별화된 캐릭터와 남다른 연기력, 스크립트의 완성도와 아름다운 영상미, 복잡한 주제를 쉽게 설명하는 능력과 매끄러운 스토리텔링 등이 콘텐츠의 성공을 이끄는 유능함이 될 수 있다. 그렇기에 유튜브는 각기 다른 유능함의 향연이라고 할 수 있다.

'활자 콘텐츠'의 경우도 마찬가지다. 책에 담긴 유능함의 재질 역시 모두 다르다. 상상력, 관찰력, 표현력, 의미를 부여하는 능력, 주제를 발견하는 능력, 자신의 내면을 가감 없이 들여다보는 능력, 익숙한 것을 낯설게 하는 능력 등 그야말로 천차만별이다.

그러므로 자신의 유능함을 여러 각도로 살펴봐야 한다. 〈피식대학〉을 만든 멤버들도 그들만이 잘할 수 있는 것이 무엇인지 고심했을 것이다.

콘텐츠의 황금 비율을 만들기 위해서는 내가 좋아하는 것에 대해서도 잘 알아야 한다.

나는 비교적 늦은 나이에 독서를 시작해 여러 책과 저자들의 매력에 흠뻑 빠져들었다. 그리고 자연히 읽는 행위 자체를 열렬히 좋아하게 됐다. '이게 왜 좋지?', '왜 즐겁지?', '무엇이 나를 계속 읽게 만드는 걸까?' 굳이 답할 필요가 없는 질문을 나는 계속 물을 수밖에 없었다. 좋아하는 게 있다는 것은 당연한 일이 아니기 때문이다. 그것은 의외로 꽤 신기한 일이다. 내가 좋아하는 것들을 깊이 고찰할수록 그것을 더 좋아할 이유를 찾을 수 있으며, 그것에 닮아가는 나를 발견할 수도 있었다. 좋아하는 책과 저자가 늘어날수록 나는 자연스레 독서와 글쓰기로 향하게 됐다. 독서하면서 만나는 폭넓은 주제들을 즐겼으며, 이 모든 것은 가드닝을 지속할 이유가 되었다. 결정적으로 좋아하는 것만을 즐기기에도 시간이 부족해졌다.

이렇게 좋아하는 것과 잘하는 것을 모두 꺼내었다면 이제 배합을 만들어볼 차례다.

테크놀로지 가전 브랜드인 다이슨(dyson)의 제품 개발 과정은 조금 독특하다. 다이슨은 어떤 제품을 만들지 먼저 정하지 않는다. 그 대신에 연구자들은 다이슨이 기존에 보유한 기술을 가지고 논다. 이리저리 가지고 놀면서 새로운 아이디어가 나오면, 그때서야 기존의 제품에 어떻게 연결할지 고민하는 것이다. 콘텐츠 씨앗을 찾는 일이 잘 되지 않을 때 내가 잘하는 것과 좋아하는 것을 마구 조합해보라. 거기서 내가 만들고 싶은 콘텐츠를 발견할 수 있을 것이다.

'내가 잘하는 것들 중에 좋아하는 것은 무엇일까?', '내가 좋아하는 것들 가운데 잘할 수 있는 것은 무엇일까?' 이 질문 사이를 오가며 내 콘텐츠의 모습을 변주해보라. 잘하는 것과 좋아하는 것이 무엇인지 안다는 것, 그리고 앞으로 잘하게 될 것과 좋아하게 될 것이 무엇인지 탐색할 줄 안다는 것은 자기 자신을 깊이 알아가는 여정 그 자체이기도 하다. 황금 비율까지는 못 찾더라도, 이미 그 자체로 의미 있는 가드닝이 될 것이다.

기획이 기회로

'내가 군대에서 쓴 일기가 과연 콘텐츠가 될 수 있을까?'
한동안 내가 매여 있던 질문이다. 이처럼 많은 초심자들이 콘텐츠를 만들 때, 자신의 경험을 출발점으로 삼으려 한다. 자신의 경험만큼 친숙한 소재도 없기 때문이다. 그것이 잘못된 것은 아니지만, 이때에는 신중한 태도가 필요하다. 자칫하면 하소연에 그치는 글, 혹은 자기 연민과 후회의 정서로 가득한 글이 될 수 있기 때문이다.

반대의 경우도 있다. 커다란 성공과 남다른 성취를 이뤄왔다면, 그 경험은 쉽게 콘텐츠가 될 수 있을까? 꼭 그렇지는 않다. 별다른 고민 없이 자기 이야기를 열거하기만 하면 콘텐츠가 금방 매력을 잃는다. 특히 자신의 경험에 대한 과도한 애착과 끊임없는 자랑은 어디서 들어본 듯한 레퍼토리가 된다. 바로 성공한 꼰대의 훈화 말씀이 되고 마는 것이다.

물론 누구도 이런 글을 썼다는 이유만으로 비난받아선 안 된다. 최소한 자기 자신에게 의미를 남겼다면 나는 이러한 글쓰기도 필요하다고 생각한다. 내면을 돌아보기 위한 글쓰기 연습으로 제격인 것이다. 그렇지만 많은 이들에게 읽히기를 원한다면 좀 더 고민해야 한다. 독자에게 어떻게 다가갈지 길을 찾지 못하면, 읽는 사람이 피로감을 느끼게 된다.

생각나는 대로 나열한다고 해서 좋은 콘텐츠가 되지 않는다. '건빵에 대한 감상'과 함께 내가 군대에서 겪은 일을 그저 나열한다고 상상해보라. 얼마나 끔찍한가. 콘텐츠는 피로감이 아니라 만족감을 줄 수 있어야 한다.

이를 위해서는 나열을 넘어 기획이 필요하다. 기획이란 두서없이 나열된 것들을 의도에 맞춰 재정렬하는 것이다. 엑셀에서 특정 필터를 적용하면 의미 없이 흩어져 있는 정보가 새롭게 정렬되는 것과 같다. 정보의 배열만 바뀌었는데도 사용자는 정렬된 정보를 통해서 중요한 의미를 발견할 수 있다.

이야기나 정보를 그저 성실하게 나열하는 것을 넘어서 하나의 단위로 꿰어야 한다. 이야기를 열거한다는 것은 구슬을 바닥에 뿌려놓은 것과 같다. 아무리 멋진 구슬이라고 해도 독자가 구슬을 일일이 손으로 집어들고 확인해야 한다면 피로감을 느낄 수밖에 없다. 우리는 흩어진 구슬을 의도대로 꿰어서 독자에게 제안할 수 있어야 한다.

그렇다면 어떻게 기획을 할 수 있을까?

체제공은 조선 시대 사색당파 중 하나인 남인의 정신적 지주였다. 그가 죽고 나자 그의 일대기를 정리하려던 사람이 있었다. 다산은 그에게 편지를 보내 신신당부를 했다. 체제공의 일대기를 단순히 시간 순으로 나열하지 말고, 4가지 특징을 뽑아서 정리하라는 것이다. 체제공의 의리, 사업, 그의 문장과 덕행이라는 요소를 중심으로 새롭게 정렬해야 한 인물이 입체감 있게 드러난다고 보았다.

같은 이야기라도 배치만 바꾼다면 새롭게 읽힐 수 있는 것이다. 이처럼 무작위로 나열된 것들을 의도에 맞게 재정렬할 때 콘텐츠에 가치가 생겨난다. 나열된 정보를 어떤 의도로, 어떻게 정렬할지, 추출된 정보에 무슨 의미를 담을지를 고민해야 한다.

어도비코리아의 우미영 대표가 《나를 믿고 일한다는 것》을 쓸 당시, 나는 콘텐츠 코치로서 함께했다. 비전공자로서 커리어를 시작해 다국적 IT 기업의 대표가 되기까지, 그 이력만 보아도 우미영 대표가 성취한 것들은 결코 작지 않았다. 아니, 엄청난 성과들이었다. 저자는 이러한 자신의 경험을 독자에게 어떻게 전달할지 고민했다. 단순히 이룬 성과를 시간순으로 나열한다면, '라떼는'이라는 비판을 피하지 못한다. 저자와 나는 내용을 어떻게 정렬하고, 그것에 어떤 의미를 부여할지 치열하게 논의했다. 그 결과 '격려의 메세지'와 '커리어 성장을 위한 실용적인 방법'을 고루 전달하려는 의도를 세웠다. 어느 한쪽에 치우치지 않기를 바랐던 것이다. 그 의도에 따라 우미영 대표가 겪어온 커리어 여정을 새롭게 정렬할 수 있었다. 저자의 애정 어린 격려와 실용적인 조언 덕분에 이 책은 커리어를 고민하는 많은 독자에게 닿아 큰 사랑을 받고 있다.

경험이 많든 적든 모두 자신의 이야기를 기획해서 전달할 수 있어야 한다. 그래야 독자에게 친절하게 다가갈 수 있다. 사람들은 이야기가 성실하게 나열되었다는 이유만으로 콘텐츠를 찾지 않는다. 의미에 따라 잘 기획된 콘텐츠를 원한다. 자신의 콘텐츠가 매력이 없다고 느껴질 때, 단순한 나열에 그치지는 않는지 돌아보라. 어떤 의미를 부각할지 고민하다 보면, 평면적이고 밋밋한 콘텐츠에 입체감이 더해질 것이다.

그렇게 본다면, '군대 생활'이라는 인기 없는 소재에서도 좋은 기획이 나올 수 있지 않을까?

나는 군대에서 처음 독서와 글쓰기를 시작했다. 자기 전에 책을 폈던 일이나 일기를 끄적거린 경험이 모두 이때에 시작됐다. 체계적인 훈련은 아니었지만 마음껏 독서와 글쓰기에 몰입해본 시간이었다. 이제 '건빵' 따위의 이야기는 치워두고, '읽기'와 '쓰기'라는 키워드를 중심으로 이야기를 새롭게 정렬할 수 있을 것이다. '군통령' 브레이브걸스의 영향력에는 한참 못 미쳐도, 현역 장병들이 여가 시간을 생산적으로 보내는 데 조금은 도움이 되는 콘텐츠가 나오지 않을까?

자신의 이야기와 서사를 다시 되짚어보라. 그것은 새

로운 관점을 만나 다른 방식으로 나열될 때 충분히 가치 있는 콘텐츠가 될 것이다.

생각의 뿌리와 영감 노트

많은 창작자들은 자신만의 수원(水源)을 갖고 있다. 가드닝을 할 때마다 언제라도 물을 퍼올릴 수 있는 샘을 갖는 것은 중요하다. 창작자에게 마르지 않는 영감의 원천이 되어주기 때문이다.

SF 소설가이자 타고난 이야기꾼인 어슐러 르 귄(Ursula K. Le Guin)은 옥스퍼드 영어 사전에 대한 남다른 애정을 드러낸다. "우리가 이제까지 말한 모든 것과 말할 수 있는 모든 것이 그 안에 있다"고 말한다. 사전을 "현명한 고모"로 부르기까지 한다. 르 귄은 이 '고모'가 알려준 판타지 (fantasy)라는 단어 하나로 소설의 역할을 설명하기도 한다. 누구에게는 흔하디흔한 사전이 르 귄에게는 훌륭한 사고의 원천이 되는 것이다.

사막 한가운데 있는 오아시스는 많은 동물이 동시에 목을 축일 수 있는 곳이다. 이처럼 신성(神性), 우주, 자연 등은 오랜 시간 많은 창작자에게 영감이 되어왔다.

《반지의 제왕》 시리즈를 쓴 J. R. R. 톨킨에게는 '신의 창조'가 영감을 주었다. 그는 예술의 가장 큰 기능이 현실과 다른 '2차 세계'를 만드는 것이라고 믿었다. 신의 창조를 본따서 새로운 하위 세계를 만드는 것이 창작활동이라고 본 것이다.

건축가 안토니 가우디는 자연을 영감의 원천으로 삼은 것으로 유명하다. '신이 지상에 머물 유일한 거처'라는 별명을 가진 가우디의 대표작 사그라다 파밀리아(Sagrada Familia)성당은 1882년 착공해서 현재까지 공사 중이다. 이 성당도 자연을 닮았다. 천장 중앙을 향해서 아름답게 굽은 기둥은 야자수와 삼나무 등 일곱 종의 나무를 형상화했다. 서로 다른 색의 스테인드글라스를 활용한 채광 방식 덕분에 마치 숲에 온 듯한 분위기를 자아낸다.

다른 창작자의 창작물도 영감의 원천이 될 수 있다. 미국 주거 문화의 모델을 제시했다고 평가받는 프랭크 로이드 라이트는 심플하고 현대적인 가정을 만들고 싶었다. 이러한 비전은 후대에 부동산 개발업자인 조셉 아이클러에게 영감을 주었고, 실제로 그는 이러한 영감을 바탕으로 1만 1,000채의 집을 짓는다. 특히 캘리포니아의 디아블로가 286번지에는 그가 지은 집들이 많았는데, 이곳에 살던 한 소년은 이러한 동네의 분위기에 많은 영감을 받았다. 그 소년이 바로 스티브 잡스다. 그는 자신이 살던 동네의 집을 보면서 '깔끔한 디자인의 제품을 대중에게 제공하는 것'에 대한 열망이 생겨났다고 고백한다. 이는 애플의 디자인 철학에도 큰 영향을 주었을 것이다.

스티브 잡스는 여러 분야에 영감을 주었지만, 그 자신 또한 다양한 분야에서 영감을 얻었다. 그가 스탠퍼드 대학교 졸업식 축사에서 한 말로 유명한 "Stay hungry, stay foolish"는 《지구백과(The Whole Earth Catalog)》라는 잡지의 폐간호에 나온 문장이기도 하다. 스티브 잡스가 '종이책 버전의 구글'이라고 소개한 이 잡지는 그가 청소년기부터 열렬히 읽던 것으로 여기에서 지대한 영향을 받았다.

우리는 다른 창작자들을 지켜보면서 그들이 서로 주고받는 영향력의 크기를 짐작해볼 수 있다. 어쩌면 내 작은 창작물도 누군가에게 닿아 영향을 줄지 모른다는 기대감과 함께.

내 영감 노트에는 다양한 창작자와 창작물, 책 제목이 가득 적혀 있다. 이 노트에 목록을 하나하나 추가하는 것은 그 자체로 재미가 있다. '새로운 장르를 선보인 사람, 장르를 통합한 사람, 괴짜, 생각의 거인, 혁신가, 예술가, 음악가, 단 한 문장으로 내 마음을 움직인 저자' 목록은 계속 늘어난다. 떠올리기만 해도 가슴 설레는 이름이자, 창작자라는 정체성을 상기해주기에 충분한 이름들이다. 어쩌면 진부한 일상을 창작자의 눈으로 바라볼 수 있도록 내 옆구리를 쿡쿡 찔러주는 이름이기도 하다.

영감의 원천은 언제나 우리를 두근거리게 한다. 뛰어난 창작자들이 당신의 이름을 알지 못하는 것은 아무런 문제도 되지 않는다. 당신이 영감 노트에 어떤 이름을 적어 넣는가가 중요하다. 그들의 눈을 빌리면 익숙한 것도 새로운 눈으로 바라볼 수 있다. 이들이 창작의 여정 내내 당신을 풍성하게 해줄 것이다.

내

정원으로의

초대

내 우주가 선명할수록

정성을 들여 콘텐츠의 정원을 가꿨다면 이제 함께 즐길 사람을 초대해야 한다. 누구를 초대하면 좋을까? 무척설레는 질문이지만 답을 하기가 쉽지는 않다. 그 어느 때보다도 세상이 변하는 속도가 빨라졌기 때문이다.

비지상파 프로그램 중 최고의 흥행작으로 꼽히는 드라마 〈응답하라 1988〉은 당시 시대상을 충실히 묘사해내화제가 됐다. 옛 골목의 모습과 추억의 음식, 당시 유행하던 음악과 극중 인물의 복장 등은 디테일한 소품을 통해생생하게 되살아났고, 덕분에 1988년을 경험한 사람이라면 드라마에 쉽게 공감할 수 있었다. 드라마가 보여주듯당시의 사회는 동질성이 높았다. 성장 과정에서 사회 구성원이 공유하는 경험은 엇비슷했고 개인의 개성보다는 단체 생활과 조직의 결정이 우선되기도 했다.

글쓰기에 관한 책을 보면, 독자의 '페르소나(persona)'를구체적으로 그려보라는 조언을 어렵지 않게 만날 수 있다.나이와 직업, 성별이나 관심사를 기준으로 독자를 가능한한 구체적으로 상상해보라는 것이다. 이 작업이 과거에는가능했을 것이다. 특정 나이와 성별, 그가 속한 산업군 등으로 사람들을 구분 짓는 것이 유효했다.

하지만 지금의 사회 구성원은 공통분모를 빠르게 잃어가고 있다. 그 어느 때보다도 다양성이 커졌고 앞으로도 이러한 경향은 꺾이지 않을 것이다. 따라서 전통적인 분류만으로는 오늘날 삶의 다양성을 반영하지 못한다. 한때는 4인 가구가 대한민국 표준처럼 여겨졌지만, 2021년 행정안전부가 발표한 자료에 따르면 서울의 1인 가구는 전체 가구의 40%에 육박한 것으로 나타났다. 여기에 반려동물을 포함한 가구까지 고려한다면 더 이상 '대한민국 표준'이라 부를 수 있는 것은 없다. 수많은 영역에서 이러한 '표준'이 해체되고 있다.

몇 달 전 15년째 청소년 진로 교사로 일하고 계신 분과 대화를 나눌 기회가 있었다. 그분 말씀에 따르면 10년 전에는 청소년들이 선호할 만한 몇 가지 키워드만 미리 알아두면 그들과 대화하는 것이 크게 어렵지 않았다고 한다. 그러나 이제는 10명의 학생이 있다면 10명의 머릿속에 무엇이 들어 있는지 알기 어렵다. 그들 모두에게 공통된 관심사가 없는 것이다. 대화를 나누던 진로 교사는 오늘날 10대가 우리 때와는 완전히 다른 세계에 살고 있다고 덧붙였다.

이는 10대 청소년에게만 해당되는 이야기가 아니다. 사람들은 자신의 선호에 따라 각기 다른 콘텐츠를 소비하고 있다. 서로 다른 것을 보고, 듣고, 읽는다.

그렇다면 나의 콘텐츠는 누구에게 밀을 길어야 할까?

조금 이상하게 들리겠지만 이 책을 쓰면서 나는 '5년 전쯤의 나'를 독자로 상정했다. '5년 전의 나'는 매우 구체적이고 분명한 독자다. 나는 당시의 내가 무엇을 보고, 듣고, 생각하며 지냈는지 알고 있다. 또 어떠한 갈증을 품고 있었는지도 안다. 5년 전의 나는 어떻게 하면 나만의 콘텐츠를 가질 수 있을지 궁금했고, 창작 여정에 대한 격려와 위로를 바랐다. 그런가 하면 그 격려가 단순히 "잘 될 거야!", "열심히만 하면 돼" 같은 밑도 끝도 없는 응원이 아니라 구체적인 길잡이이기를 원했다.

이런 식으로 '5년 전의 나'를 복합적으로 그려보면서 지금 할 수 있는 구체적인 이야기를 정리해나갔다. 그동안 쌓은 경험에서 좋은 것들을 추려내어 과거의 나에게 다가가는 것이다. 이렇게 구체적으로 독자의 욕구를 상상하면 어떤 이야기를 해야 할지 비교적 수월하게 정리할 수 있다. 카페에 가서 이전의 자기 자신을 앞에 앉혀두고 그의 이야기를 들어보라. 내가 이 책에서 다룬 대다수의 화두는 그로부터 나왔다.

　이렇게 '나 자신'을 독자로 상정했다면 그다음으로 하는 일이 있다. 바로 내 콘텐츠가 드러내려는 가치를 선명히 하는 데 온 힘을 쏟는 것이다. '내 콘텐츠가 결국 전달하고 싶은 가치는 무엇일까?', '그 가치를 더욱 선명히 전달하려면 무엇이 필요할까?' 같은 질문을 스스로에게 던져보는 것이다.

　봉준호 감독은 어떤 관객을 상상하며 각본을 쓰냐는 질문에 관객보다는 우선 자기 자신이 즐길 수 있는 영화를 만든다고 했다. 결국 나로부터 시작해야 한다는 것이다. 과거엔 독자의 얼굴을 구체적으로 그리는 것이 중요했고 그것이 일부 가능했을지 모른다. 하지만 이제는 창작자가 자신의 창작물을 통해 전달하려는 가치가 무엇인지 또렷하게 만드는 노력이 더 유효하다. 그러면 그 가치에 동조하는 사람들을 자연히 만날 수 있기 때문이다.

　'내가 속한 우주에 당신이 속해 있을 확률이 얼마나 될까?'

　복잡해져가는 세상에서 창작자가 피하기 어려운 질문이다. 독자의 얼굴을 그려보는 노력을 안 할 수는 없지만, 무엇이 어떻게 연결될지 모르는 초연결사회에서는 내 콘텐츠에 반응할 새로운 독자를 기다리며 활짝 열린 자세를 취하는 게 우선일지도 모른다. 자신의 콘텐츠에 담고 싶은 가치를 더욱 선명히 하라. 그러면 예상치 못한 저 먼곳에서 독자들이 하나둘 모습을 드러낼 것이다.

대화를 준비하는 자세

혼자서만 읽는 일기를 쓰는 게 아니라면, 콘텐츠는 독자와의 소통을 전제로 한다. 많은 창작자들이 전달력을 높이기 위해서 부단히 고민하는 이유다. 어떤 방식으로 대화해야 내 앞에 앉아 있는 사람이 귀를 기울여줄까?

먼저 권위적인 상사나 고압적인 교사처럼 전달하는 방식을 버려야 한다. 대신 친근한 코치처럼 다가가야 한다.

예전에는 손윗사람이 손아랫사람에게 말을 놓는 것이 꽤 당연한 일이었다. 그렇게 관계가 형성되면, 손아랫사람은 윗사람의 의중을 살펴 행동하도록 암묵적으로 요구받았다. 소통 방식은 상하 관계뿐만 아니라, 때로는 권력 관계까지 드러냈다. 부하 직원이 꼰대 상사의 무용담을 견뎌내는 모습도 심심찮게 볼 수 있었다.

그러나 이제 더 이상 그런 방식을 견뎌줄 사람은 없다.

MZ세대는 온라인에서 콘텐츠 영역을 주도하고 있으며, 기존의 권위적인 소통 문화도 바꿔나가고 있다. 이는 다시 오프라인에까지 영향을 미친다. 수평적인 쌍방향 소통에 친숙한 이들이 이른바 '라떼화법'을 밀어내는 것이다.

나는 팬데믹 이후 대부분의 강의를 줌(zoom)으로 하고 있는데, 이때 이전과는 다른 차원의 전달력을 요구받는다. 마치 유튜버들이 구독자들과 라이브로 소통하듯이 강의를 진행해야 한다. 전달하고 싶은 이야기가 많다고 해서 일방적으로 쏟아붓듯이 해선 안 되고, 상대방이 내 이야기를 차근차근 따라올 수 있도록 도와야 한다.

우리가 콘텐츠를 통해 만날 독자도 이와 같다. 독자는 그저 우리의 말을 받아적거나 일방적으로 듣기만 하는 사람이 아니다. 우리는 독자가 무엇을 궁금해할지 적극적으로 고민해야 한다. 앞서 설명한 대로 카페에서 독자와 대화를 나눈다고 상상해보자. 카페로 향하기 전, 스스로에게 이런 질문을 해볼 수 있다. '상대방이 기대하는 것은 무엇일까?', '어떤 기분으로 이 자리에 나올까?', '나한테 무슨 질문을 하고 싶어 할까?' 이렇게 되뇌면서 만남을 준비하면, 독자는 우리의 콘텐츠에 적극적으로 참여할 수 있을 것이다.

이와 더불어 콘텐츠에 사례나 예시를 풍부하게 취하면 전달력을 높일 수 있다.

사회 구성원 대다수가 공유하던 문화적 맥락이 빠르게 사라지고 있다. '내가 아는 것을 네가 모를 수 있다'와 '네가 아는 것을 내가 모를 수 있다'는 상황에서는 사례나 예시를 폭넓게 취하는 게 유리하다. 내 앞에 앉아 있는 사람과 내가 어떤 공통분모가 있을지 따져보는 것도 좋다. 나에게 흥미로우면서 그가 관심을 보일 만한 이야기는 무엇인지 탐색해야 한다. 대화의 주체인 둘이 동시에 즐길 수 있는 이야기를 발견해보는 것이다.

유튜브 채널 〈조승연의 탐구생활〉에서 조승연 작가는 〈기생충〉이 국제적인 성공을 거둘 수 있었던 이유로 폭넓은 문화적 레퍼런스를 활용한 점을 꼽았다. 그의 설명은 다음과 같다. 이탈리아 평론지는 〈기생충〉에 이탈리아 가곡인 칸초네가 삽입된 것을 주목했고, 미국의 평론에서는 봉준호 감독이 미국 감독인 앨프리드 히치콕의 영향을 받았다는 점을 눈여겨본다. 실제로 봉준호 감독은 앨프리드 히치콕의 〈사이코〉를 여러 번 돌려보며 영향을 받았다고 밝힌다. 조승연 작가의 주장은 곧, 봉준호 감독이 풍부한 레퍼런스를 활용하여 한국 문화에 낯설 수밖에 없는 이들에게 문화적 친밀감을 주었다는 것이다. 물론 조승연 작가 그 자신도 언제나 수많은 참고 자료를 바탕으로 유튜브 콘텐츠를 만든다.

참고 자료를 풍부하게 준비한다는 말이 세상의 지식을 전부 소화해서 소개하려는 태도를 가리키는 것은 아니다. 그보다는 카페에 앉아서 우리를 기다리고 있을 사람과의 대화가 더욱 풍성해지도록 준비하는 것에 가깝다. 아주 가까운 친구를 만나러 나설 때의 마음과 닮았다. 대화가 끊기지 않으려면 어떤 이야기가 필요할지 고민할 때의 설레는 마음 말이다. 그러면 전달력은 자연히 높아진다.

이 시대는 창작자들에게 더 세심한 전달력을 요구한다. 창작자라면 자신의 전달 방식이 권위적이지는 않은지 돌아봐야 한다. 또한 사람 간의 공유된 맥락이 사라진, 텅 빈 골짜기를 어떻게 메울지도 고민해야 한다. 콘텐츠는 언제나 불특정 다수를 만날 것이고, 모든 사람에게 동일하게 전달되는 콘텐츠란 존재하지 않는다. 다만 라디오의 주파수를 고정하듯이, 가드닝을 하는 내내 내 앞에 마주한 독자를 염두에 둔다면, 그가 때로는 귀를 기울이며 우리의 이야기를 경청해주지 않을까.

타이밍과
네이밍

가드닝의 시간

"참으로 시의적절하다."

〈기생충〉에서 수석(壽石)을 선물로 받은 기택이 한 말이다. 이 대사는 봉준호 감독에게 어울리는 말이기도 하다. 봉준호 감독은 아카데미상 후보로 거론된 후에 미국으로 향했고 시상식 전후로 미국 전역을 오가며 수백 건의 인터뷰를 했다. 전 세계 영화 팬들에게 자신의 이름을 확실히 각인시키기에 충분한 시간이었다. 〈기생충〉의 개봉일 또한 코로나 바이러스가 전 세계를 덮치기 전이었다. 이에 반해 다른 영화들은 적당한 때를 놓치고 거의 1년 넘게 개봉이 연기되기도 했다. 여러모로 〈기생충〉의 타이밍은 절묘했다고 할 수 있다.

영화의 개봉일만큼이나 책의 출간 시점도 중요하다. 팬데믹 이후 포스트 코로나 시대를 전망하는 다수의 책이 출간됐지만, 그중 가장 빠른 게 김용섭 저자의《언컨택트》다. 트렌드 전문가로 활동하던 저자는 이미 몇 년 전부터 '언컨택트(un-contact)' 혹은 '언택트(untact)'의 미래를 내다보았다. 그리고 오랜 시간 이 내용으로 원고를 준비하고 있었는데 절묘하게도 타이밍이 맞아떨어진 것이다. 그는 이 책을 통해 팬데믹이 불러온 변화를 분석하고, 무엇을 준비하면 좋을지 영민하게 제안했다. 그 결과 《언컨택트》는 출간 즉시 베스트셀러에 오르며 커다란 인기를 끌었다.

타이밍은 중요하다. 창작자는 콘텐츠의 공개 시점으로 절묘한 타이밍을 노린다. 사회의 변화나 트렌드에 맞게 정확한 시점에 쏘아올린 콘텐츠는 많은 이들에게 사랑받을 수 있다.

하지만 한편으론 콘텐츠가 놓일 외부의 환경은 창작자의 노력이나 통제 밖의 일이기도 하다. 그러니 콘텐츠 창작자는 타이밍에 대한 고민에 앞서 가드닝에 들이는 시간을 어떻게 하면 충실하고 즐거운 경험으로 만들 수 있을지 고민해야 한다. 가드닝에는 시간이 들어간다. 짧게는 몇 개월에서 길게는 몇 년이 걸릴지도 모른다. 그러니 성패를 가르는 한 순간의 타이밍보다 과정에 쏟은 시간을 소중히 하는 것은 더없이 중요한 일이다.

최근 몇 년간, MZ세대를 중심으로 '서머리 서비스 (summary service)'가 큰 인기를 끌고 있다. 영화, 책, 드라마 등의 내용을 짧은 시간에 요약해서 설명해주는 서비스다. '숏폼(short form)' 콘텐츠도 대세가 됐다. 말 그대로 몇 분 이내로 소비할 수 있는 콘텐츠를 가리킨다. 긴 호흡으로 소비해야 하는 콘텐츠보다 쉽고 빠르게 소비할 수 있는 콘텐츠가 인기를 끄는 것이다. 그렇지만 인기가 있다는 말이 곧 모든 독자가 빠른 호흡을 가진 콘텐츠만을 찾는다는 것을 의미하지는 않는다. 오히려 오랜 시간 장인정신으로 깊이를 더한 콘텐츠를 기다리는 독자도 많을 것이다. 그러니 창작자가 조급한 마음 대신 여유를 갖고 가드닝에 시간을 들이는 편이 유리할 수 있다. 시의성을 고려해 선보여야 한다는 강박을 갖기보다는, 가드닝을 하는 그 모든 시간을 어떻게 풍성하게 만들지 고민해보는 것이다.

팬데믹은 우리의 삶을 위협하기도 하지만 한편으론 시간 그 자체를 새롭게 바라보도록 한다. 집에서 혼자 보내는 시간이 늘어나면서, 그 시간에 할 수 있는 취미를 찾는 사람들이 많아진 것이다. '집콕'을 위한 서비스도 많이 등장했다. 일상에서 쓸 수 있는 '가처분 시간'이 늘어나면서 이를 밀도 있게 쓰려고 고민하는 사람이 늘었다. 팬데믹으로 모든 시계가 멈춘 것만 같은 지금, 단기적인 시각에서 벗어나 장기적인 관점이 필요한 것처럼, 가드닝을 시작한 사람이라면 시간의 단위를 새롭게 조정해보는 지혜가 필요하다.

가드닝은 일상에서 쫓기던 시간을 다르게 인식하게

한다. 가드너만의 달력이 필요해진 것이다. 나 역시 장기적으로 준비하는 콘텐츠가 여러 개로 늘었다. 약 3년 전부터 어머니와 공동으로 작업 중인 《엄마, 호랑이 잡으러 갔어(가제)》를 비롯해 어려 콘텐츠의 기드닝을 하고 있다. 콘텐츠를 만드는 데 있어서만큼은 단기적인 전망에서 벗어나 장기적인 안목으로 계획을 세워보자. 또한 그 시간을 풍요롭게 채울 방법을 찾아보길 바란다. 의미 있는 시간을 보내면서 얻는 활력은 반드시 삶의 구석구석에까지 미친다.

콘텐츠의 시의성은 중요하지만, 타이밍만 재는 것이 가드너의 일은 아니다. 시의성(timing)보다 세월이 흘러도 변치 않는(timeless) 가치를 고민하는 것이 가드너에게 필요한 일이다.

모두에게 불리는 이름

변변찮은 세일즈맨이었던 50대의 레이 크록에게 어느 날 전화 한 통이 걸려온다. 그가 고전하며 팔던 밀크세이크 기계를 6대나 주문하겠다는 전화였다. 레이 크록이 향한 곳은 맥도날드 형제가 운영하는 햄버거 가게였다. 가게를 둘러본 그는 원대한 야망을 품는다. 햄버거 가게를 프랜차이즈로 만든다면 대성공을 할 것이라는 직감이었다. 두 형제는 프랜차이즈 사업 제안을 받아들였고 그 결과는 우리가 아는 대로다. 그후 야심가 레이 크록은 두 형제를 밀어내고 세계적인 프랜차이즈 브랜드인 맥도날드의 창업주가 된다.

영화 〈파운더〉에서 크록은 맥도날드 형제를 몰아낸 뒤 이렇게 말했다. 맥도날드를 특별하게 하는 것은 제조 시스템이 아니라 그 이름에 있다고. 맥도날드가 마치 '미국 (America)'이라는 단어처럼 불가능한 것을 상상하게 만들기에 그 이름을 반드시 가져야만 했다고 말이다. 그렇게 두 형제는 이름을 잃었지만 그 결과 맥도날드는 지구상에서 가장 유명한 이름이 되었다.

한국에도 전설 같은 세일즈맨이 있다. 《브리태니커 백과사전》을 세계에서 가장 많이 판매한 세일즈맨 한창기. 그는 자신의 독보적인 판매 성과를 근거로 미국 본사를 집요하게 설득해 한국에 브리태니커코리아 지사를 세운다. 그리고 회사를 세운 지 8년이 되었을 때, 그는 순우리말 잡지를 창간하려는 오랜 꿈을 실현한다. 바로 1973년에 창간한 《뿌리깊은 나무》의 탄생이다.

지금까지도 그 완성도가 매우 뛰어나다고 평가받는

《뿌리깊은 나무》는 편집 디자인이라는 개념이 생소하던 당시에 잡지 최초로 아트 디렉터를 영입했다. 가로쓰기를 최초로 시도했으며 한글 전용으로 잡지를 발행했다. 비록 군부에 의해 몇 년 만에 폐간되긴 했지만 《뿌리깊은 나무》가 남긴 문화적 유산은 너무나 많다. 우리 것에 대한 애착과 자부심이 남달랐던 한창기는 잡지 이름을 지을 때도 고심했다. "물리적으로 작고 하찮은" 그러나 "그것이 상징하는 바가 크면 클수록 좋은" 이름을 짓고 싶었다. 그렇게 해서 탄생한 것이 《뿌리깊은 나무》다.

한창기 대표가 영화 〈미나리〉의 제목을 봤다면 아마도 무릎을 치지 않았을까. 미나리는 여러해살이풀로 적응력이 아주 뛰어나다. 겨울 내내 땅속에 묻혀 살다가 이듬해 봄에 싹을 틔운다. 영화에서 미나리는 곧 윤여정 배우가 연기한 순자, 혹은 아칸소주에 뿌리 내리려는 이민 가정을 상징한다. 더 나아가 낯선 터전에 자리 잡으려 고군분투하는 수많은 이민 가정을 대변한다. 작고 하찮은 미나리에 담긴 커다란 함의 덕분인지 영화는 많은 관객에게 큰 호평을 받으며 전 세계 영화제에서 다수의 상을 수상했다.

이렇듯 자신의 콘텐츠에 가장 잘 어울리는 이름을 붙인다면, 사람들에게 오래도록 회자될 것이다. 내가 지은 이름이 많은 사람들에게 불리는 경험은 짜릿한 일이다. 이름에는 힘이 있다. 아직 콘텐츠를 세상에 내놓기 전에도 그것에 이름을 붙임으로써 창작 의욕과 열망이 생길 것이다. 그것은 가드닝을 지속할 힘이 된다.

창작물에 이름을 붙이는 한편, 창작자 자신에게도 새로운 이름을 붙일 수 있다. '쯔양'과 '도티'처럼 이미 우리에게 친근해진 이름들이 있다. 게임 ID처럼 장난스러운 것 같지만 자유분방하게 지은 그들의 이름은 창작자 자신의 정체성을 대변하는 것이기도 하다.

이처럼 자신의 가능성을 바라보며 '창작자 이름'을 정해보라. 나는 '콘텐츠 코치'라는 정체성으로 이 책을 썼다. 내가 나에게 '콘텐츠 코치'라는 이름을 붙이자 해야 할 역할도 분명해졌다. 콘텐츠가 무엇이며, 콘텐츠는 어떻게 기르는지, 무엇이 콘텐츠를 남다른 것으로 만드는지 고민하면서 나만의 연구 활동을 이어가는 것이다.

창작자의 이름을 짓고 거기에 정체성을 부여한다면, 그에 걸맞은 역할은 자연히 따라온다. 이제 우리가 해야 할 일은 그 이름에 어울리는 가드닝을 해나가는 것이다. 시간이 지날수록 자신에게만 의미 있던 그 이름이 모두에게 불리는 이름이 될 수 있도록.

채우기와
비우기

가드닝은 비우고 채우는 일의 연속이다. 이 글은 초고에는 포함되지 않았지만, 원고 집필이 막바지에 이르면서 추가되었다. 꼭 필요한 이야기가 무엇일지, 덜어내도 좋은 글이 무엇인지 숙고하며 비우고 채우는 일이 반복된다. 반드시 삽입해야 한다고 여겼던 글도 시간이 지나 돌아보면 자리를 잘못 잡고 자라난 잡초가 되기도 한다. 나 역시 그렇게 덜어낸 분량이 적지 않다. 반면 쓰다가 말았던 글이 어느 순간 결코 빠뜨려서는 안 될 글이 되기도 한다.

30대 중반의 에피쿠로스는 아테네에 '정원학교(The Garden school)'를 세운다. 그는 허브와 채소로 정원을 가득 채워, 제자들과 매일 식물을 돌보았다. 그는 식물을 돌볼 때, 자연의 이치를 알 수 있다고 여겼다. '흙을 돌보는 행위'는 정원학교에서 매우 중요한 활동이었다. 그런가 하면, 정원학교에는 '정원'만 담겨 있지 않았다. 학교 이상의 커뮤니티를 꿈꾼 에피쿠로스는 제자들과 함께 인간의 본원적 행복과 고통 없는 삶, 죽음과 평온함에 대한 철학을 나눴다. 그들의 정원학교가 에피쿠로스 학파로 남게 된 배경이다.

우리가 접하는 콘텐츠도 때로는 겉으로 드러난 모습 말고도 삶의 암시가 깃든다. 삶의 일부가 콘텐츠에 담기는 것이다.

누군가 책을 쓴다면, 그가 단어와 문장만 골라내는 것은 아니다. 한 문장씩 써내려가다 보면, 내 문장이 도대체 어디에서 나오는지 스스로 묻게 되며, 그것은 자신의 삶의 한 조각으로부터 왔음을 깨닫는다. 내 삶에서 최선의 것을 골라내야 하는 것이다. 자연스러운 수순으로 자신이 어떤 삶을 끌어안아야 할지 마주한다. 그 질문을 피하기가 어렵다.

말하자면 '내 콘텐츠를 무엇을 채울까?'로 시작된 가드닝은 시간이 지나면서 우리에게 되묻는다.

'내 삶을 무엇으로 채울 것인가?'

설렘과 막연함, 흥미로운 상상과 무거운 책임을 동시에 불러일으키는 가볍지 않은 질문이다. 더불어 팬데믹은 우리에게 다음과 같은 질문을 마주하게 했다.

'삶에서 무엇을 비워낼 것인가?'

이번엔 위협에 가까운 질문이다. 잘 돌아가던 것, 잘 굴러가던 것들이 하나둘 멈추고 있다. 관계를 맺는 방식, 사회 생활과 경제 활동의 방식, 문화 생활을 하는 방식 등 많은 것이 멈추었다. 어쩌면 이미 멈췄지만 아직 티가 나지 않아서 우리가 눈치채지 못한 것들도 있을 것이다. 앞으로는 다른 방식을 찾아야 할 것이다. 팬데믹은 예전의 삶의 방식에서 덜어낼 것이 무엇인지 묻고 있다.

팬데믹 시대의 콘텐츠 가드닝은 '삶에서 무얼 덜어내고, 무얼 받아들일 것인가?'라는 근본적인 질문으로 우리에게 다가온다. 결코 가볍지 않은 질문이지만, 이 질문 앞에 마주선다면 그곳이 가드닝의 출발점이 될 수 있다. 그렇게 콘텐츠의 정원이 삶의 정원을 닮아갈 것이다.

기르는
사람

열매 이전에 존재한 것

스마트폰만 켜면 즐기고 향유할 수 있는 것들이 즐비한 세상이다. 매대 가득 진열된 상품을 볼 때처럼 콘텐츠의 풍년은 늘 반가운 일이다. 하지만 화려한 결실만을 즐기면서 우리가 놓치는 것들도 있다. 바로 그것을 만들어낸 사람, 창작자다. 우리는 창작물 그 자체에 매혹된 나머지 창작자를 보지 못할 때도 있다. 흙때가 잔뜩 묻은 손을 부지런히 움직이며 허리를 숙여 일하는 가드너의 뒷모습 말이다.

멋진 콘텐츠로 데뷔한 창작자가 있다. 우리는 그의 화려함 이면에 숨겨진 모습이 궁금하다. 그는 과연 어떤 길을 지나왔을까?

그는 한참 동안이나 아무런 열매도 맺지 못했다. 어쩌면 열매는커녕, 쉴 새 없이 씨앗을 뿌리지만 아무것도 싹 틔워내지 못한 사람일지도 모른다. 무엇이 문제인지도 알지 못한 채 고개 숙여 지낸 날이 길었을 수도 있다. 내 은밀한 비밀을 고백하자면, 나 역시 땅속에서 생명을 다한 씨앗이 수십 개는 된다. 썩어버린 뿌리, 병충해가 든 줄기, 황폐화된 정원은 내게 친숙한 것들이다. 브런치에 연재하다가 비공개로 돌려놓은 글, 쓰다가 포기한 책, 수십 개의 영상을 비공개로 전환한 유튜브 채널, 필명으로 출간한 에세이까지 모두 철저히 비밀에 부쳤다.

나만 그렇지 않을 것이다. 누구에게도 닿지 못한 노래를 짓고, 아무도 봐주지 않는 영상을 만들고, 방문자 하나 없는 외로운 블로그에 오늘도 글을 올리는 사람들이 있을 것이다. 나를 포함한 초심자 가드너들은 그중 한 가지 콘텐츠가 잘 되고 나서야 비로소 세상에 드러난다. 그래서인지 언뜻 보면, 마치 이 세상이 멋진 콘텐츠로만 가득 채워져 있다는 착각이 들기도 한다.

하지만 속지 말자. 온라인 공간에 올린 콘텐츠는 손쉽게 삭제하거나 비공개로 전환할 수 있다. 주목받지 못하고 꽁꽁 감춰진 콘텐츠가 얼마나 많겠는가. 그러니 뒤늦게 성공해 조금은 태연한 얼굴로 "이것이 제 콘텐츠입니다" 하고 외치는 가드너의 면면을 조금 더 깊이 들여다보아야 한다.

그가 지나온 길은 제한적으로만 외부에 드러난다. 그가 가드닝을 해오면서 겪었을 무수한 시행착오는 쉽게 관찰되지 않는다. 하지만 그의 가드닝 실력 역시 흙과 씨앗, 양분, 기후 등을 이해하는 동안에 서서히 향상됐을 것이다. 눈으로는 보이지 않는 그 시간이 축적되어 분명 가드너에게 좋은 거름이 되어줬을 것이다. 창작물이 열매라면 창작자는 뿌리다. 그 뿌리를 좀 더 자세히 들여다봄으로써 우리는 가드닝을 더욱 깊이 이해할 수 있다.

그 어떤 씨앗이라도

초심자 가드너가 콘텐츠라는 열매만 주목할 때 흔히 빠지는 함정이 있다. 바로 '소재에 대한 집착'이다. 사람들은 자신에게 꼭 맞는 완벽한 소재를 찾느라 많은 시간을 허비한다.

탁월한 콘텐츠와 그것을 만든 창작자. 이 둘 사이의 찰떡 궁합은 도대체 어떻게 만들어진 것일까? 하늘에서 떨어진 선물처럼 좋은 아이디어가 행운처럼 찾아오는 것은 아닐까? 나 역시 '나만의 소재', '나만의 씨앗'을 발견할 수만 있다면 그처럼 멋진 창작물을 만들 수 있을 텐데. 내게도 찰떡같은 소재가 나타나주면 얼마나 좋을까.

콘텐츠 창작자를 꿈꾸는 사람들을 많이 만나다 보니 이와 같은 토로를 자주 접한다. 그들은 묻는다. '이것이 과연 나만의 고유한 콘텐츠일까요?', '이 주제가 변치 않을 나만의 가치를 잘 담아낼 수 있을까요?', '내가 고른 콘텐츠를 사람들도 좋아해줄까요?' 하지만 콘텐츠의 씨앗, 즉 소재를 고르는 데 너무 오랜 시간을 들이다 보면 가드너의 주요한 과업 중 한 가지를 영영 만나지 못할 수 있다. 그것은 바로 어떤 씨앗을 갖고서라도 가드닝을 해보는 경험이다.

나 역시 첫 번째 콘텐츠를 만들 때는 그 소재가 평생에 한 번 만날 수 있는 일기일회의 것인지 몇 달을 고심했다. 그렇게 심사숙고해 만든 《에버노트 생각서랍 만들기》는 '에버노트'라는 IT 도구의 인기가 식으면서 금방 잊혔다. 내가 선택한 소재가 빛을 바랜 것이다.

그렇게 조금은 허망하게 내 소재를 잃었다. 하지만 그 대신 콘텐츠를 기르는 능력이 남았다. 이렇게 기르는 힘을 길러두면 나중에 예기치 못한 씨앗이 찾아왔을 때 싹을 틔울 수 있다. 초심자가 보잘것없는 씨앗을 갖고서라도 가드닝을 해보는 경험이 필요한 이유다.

기르는 힘은 어느 분야에서건 발견할 수 있다. 〈샹들리에(Chandelier)〉라는 곡으로 잘 알려진 싱어송라이터 시아(Sia)는 작곡 시간이 매우 짧은 것으로도 유명하다. 단 20분 만에 작곡한 곡이 빌보드 차트 1위를 하는 경우도 있었다.

"곡을 너무 빨리 쓰는 것 아니냐"는 질문을 받자 시아는 이렇게 답했다.

"20분 만에 곡을 쓸 수 있기까지 15년이 걸렸다."

흔히 우리는 빛나는 열매로서 콘텐츠에만 주목한다. 하지만 그 열매를 맺기까지 창작자가 부단히 자신만의 가드닝을 해왔다는 사실을 잊어서는 안 된다. '기르는 힘' 없이는 '열매'도 없기 때문이다.

이렇게 보면, 우리는 '가드닝'의 세계를 더 폭넓게 경험할 수 있다. 우리는 가드너를 관찰함으로써 과정 속에 숨어 있는 창작의 힌트를 얻을 수 있다.

의외로 씨앗으로서의 소재는 생각만큼 중요하지 않을 수도 있다. 씨앗은 늘 가변적이다. 우리의 관심사조차 종잡을 수 없을 만큼 빠르게 바뀌지 않는가. 오늘 흥미롭다고 생각한 것도 내일이면 관심 밖으로 밀려나기도 한다. 세상 일이 대개 그렇듯 우리에게 꼭 맞는 것은 쉽게 주어지지 않는다.

빛나는 콘텐츠에 매혹되어본 경험이 있다면, 이제 시야를 넓혀 창작자를 바라보자. 그가 그동안 무엇을 일구었는지, 또 얼마나 많은 시도를 해왔는지를 말이다.

그러니 명심하자. 가드너는 좋은 씨앗을 많이 지닌 사람이 아니다. 어떤 씨앗이라도 싹 틔워 기를 수 있는 사람이다.

손만 닿으면
식물이 죽을 때

완벽주의 타파하기

어쩐 일인지 손만 대면 식물을 죽이는 사람이 있다. 애정이 넘쳐 물을 너무 많이 주거나 존재 자체를 잊어버려 말려 죽이는 경우다.

마찬가지로 내 콘텐츠에 정성을 기울일수록 가드닝에 실패하는 사람들이 있다. 열심히 안 하는 것도 아닌데 왜 내 콘텐츠만 병충해가 들고, 뿌리가 썩어버리는 것일까? 내가 무엇을 잘못한 걸까?

이때는 자신도 모르게 잘못 뿌리 내린 가드닝 습관은 없는지 경계하고 점검해봐야 한다.

누가 뭐래도 완벽주의는 콘텐츠 가드너에게 가장 큰 적이다. 이는 "나는 원래 제대로 시작하는 것을 좋아해"라거나 "나는 완벽히 준비되지 않고는 시작할 수 없어"와 같은 태도를 가리킨다. 한 번 할 때 제대로 하고 싶은 마음에서 비롯된 태도다. 어쩌면 사회 생활을 하면서 무엇이든 '제대로, 잘' 하려는 태도가 몸에 밴 탓이기도 하다. 처음 완벽주의는 "아직은 시기상조야. 조금만 더 준비하자"며 자신을 설득하지만, 나중에는 "아무래도 무리야. 애초에 시작하지 않는 게 좋겠어"라고 속삭인다.

콘텐츠 창작자, 혹은 작가를 꿈꾸는 사람이라면 개인 블로그나 브런치 계정을 개설해서 정성껏 첫 번째 글을 올려보았을 것이다. 남다른 의욕을 갖고서 힘을 잔뜩 줘 쓴 글이다. 그런데 안타깝게도 첫 글을 완벽하게 쓰려는 노력 때문에 거기서 연재가 멈추게 된다. 한 편의 글에 총력을 다 쏟고 나니, 다음 글을 쓸 에너지가 남아 있지 않은 것이다. 첫 글이 너무 비장한 탓에, 다음 글도 잘 써야 한다는 부담감이 밀려온다. 결과적으로 작업을 이어나갈 엄두가 나지 않는 것이다. 그리고 일이 뜻대로 되지 않을 때는 실패한 이유를 '완벽한 설계의 부재'로 돌린다.

나는 글 한 편을 한 번에 완성하려고 하지 않는다. 한 편의 글에서 잘 써지는 구간까지만 쓰고 멈춘다. 혹은 즐겁게 쓸 수 있는 만큼만 쓴다. 그러고는 쓰던 글을 잠시 멈추고, 마음에 끌리는 다른 글을 쓰다가 돌아온다. 안 써지는 글을 어떻게든 완수하려고 붙잡고 있으면 의미 없는 문장을 질질 끌면서 중언부언 이어가는 경우가 생기기 때문이다.

이러한 방식이 글 한 편을 완벽하게 쓰고 다음 글을 쓰는 것보다 낫다. 중간에 비어 있는 퍼즐이 있지만 콘텐츠가 전반적으로 완결을 향해 가고 있다는 것을 감각할 수 있을 때 작업에 추진력이 생기기 때문이다.

가드닝을 시작한 지 얼마 되지 않았다면 '완전한 글 한 편'을 목표로 두지 말고 아예 '불완전한 글 열 편'을 쓰는 것을 노려보라. 쓰다 만 글이 열 편이 되면, 시간을 두고 고치고 다듬어서 완전한 글 열 편으로 만들면 된다.

물론 이렇게 쓰다 만 글이 여러 개 생기면 찜찜한 기분이 들기도 한다. 하지만 괜찮다. 콘텐츠가 부분적으로 불분명한 상태에 놓인 것처럼 보이지만 전체적으로는 진척되고 있는 것이다. 내가 느끼는 찜찜함보다 가드닝이 진행되는 것이 더 중요하다.

완벽주의를 제압할 수 있는 또 다른 방법이 있다. 완벽주의를 쏟는 작업 구간을 바꿔보는 것이다.

나도 이런 문제에 종종 부딪혔다. 창작의 초반부터 완벽하게 설계하고 싶은 나머지 창작의 첫 10% 구간에 내 에너지의 90%를 들이는 것이다. 힘을 잔뜩 주고 시작했다가 초반이 매끄럽게 풀리지 않으면, 금방 흥미와 의욕을 잃고 말았다. 얼마 못 가서 그만두는 일이 잦았다. 그러다가 방법을 바꿔서 '완벽주의'를 창작의 중반부 이후 발동시키기로 했다.

시작은 '헐겁고 엉성하게, 대충, 하는 둥 마는 둥' 하면서 나 자신과 '밀당(밀고 당기기)'을 한다. 어떻게 완성될지 모르기 때문에 오히려 질문이 쏟아지고, 그것이 창작의 동력이 되어준다. 꽤나 모호한 구간이지만 마구 떠오르는 질문을 푯대 삼아서 동력을 잃지 않고 가드닝을 이어갈 수 있다. 이렇게 몇 가지 씨앗을 놓고 가드닝을 이어가다 보면 드디어 싹을 내미는 콘텐츠가 생긴다. 가능성이 보이기 시작한 그 시점에 완벽주의를 발휘하면 된다. 초반에 들어갈 에너지를 아껴 뒷심을 발휘해보는 것이다. 자신의 에너지 레벨이 어떻게 분배되는지 눈으로 확인할 수 있도록 그려놓고 파악해보라. 창작을 하거나 책을 쓸 때엔 '완벽주의 에너지'를 적절하게 안배해야 전체 과정을 장악할 수 있다.

처음 시작할 때 '제대로, 잘, 완벽하게' 하려는 태도 자체가 나쁘다고는 볼 수 없다. 다만, 완벽주의가 우리의 가드닝을 방해한다면 세심하게 주의를 기울여야 할 것이다. 시작할 때에는 스스로를 만족시키는 기준을 낮추고 마무리할 때 그 기준을 높여보라. 완벽주의를 완벽하게 제압할 수 있을 것이다.

똑똑한 부지런함으로

이야기에는 힘이 있다. 특히 그것이 한 국가의 탄생에 관한 것일 때는 신화적인 힘마저 깃든다. '인내하며 꾸역꾸역 마늘과 쑥을 먹고 사람이 되었다는 곰' 이야기가 그렇다. 우리 주위에서도 고통스러운 시간을 견뎌 원하는 것을 성취한 사람들의 이야기를 어렵지 않게 만날 수 있다. 인내, 끈기, 성실함 등은 모두 오랫동안 삶의 숭고한 덕목으로 받아들여졌다.

그러나 이런 종류의 에너지를 창작의 영역으로 가져와 그대로 적용해보면, 어딘가 잘 들어맞지 않는다는 것을 금방 알 수 있다. 혹시 콘텐츠 가드닝을 하면서 창작의 고통에 짓눌리고 있지는 않은가? 풍요로운 내 정원을 상상하며 즐겁게 창작하는 대신에, 마늘 냄새를 참고 견디며 고행에 가까운 창작을 하고 있지는 않은가? 만일 그렇다면 출발점을 재조정해보아야 한다.

일부 위대한 창작자들이 힘겨운 시간을 통과해 창작을 했다는 것은 널리 알려진 이야기지만, 우리는 위대한 창작자가 아니다. 초심자 가드너일 뿐이다. 초심자는 창작에서 오는 즐거운 경험을 자주 확인하고, 그것을 확장해나갈 수 있어야 한다. 그래야 지속할 힘이 생긴다.

창작의 즐거움이 무엇인지도 모른 채 꾸역꾸역 해나가는 모습은 보기에도 안타깝고 어딘지 모르게 부자연스럽다. 창작은 마늘과 쑥 먹기처럼 그저 버티기만 하는 일이 아니다. 자신이 창작을 할 때 그것의 어떤 점이 내게 활기를 주는지 끊임없이 짚어내고 누려야 한다. 그것은 눈앞에 결과물을 내는 것만큼이나 중요한 일이다.

꾸역꾸역 감내하는 것과 마찬가지로 '꾸준히 반복하기'도 경계해야 한다. 여느 분야와 마찬가지로 종종 창작의 영역에서도 성실히 반복하고 노력하는 것이 숭고한 가치로 여겨진다. 하지만 그 방향성을 고민하지 않은 채 그저 열심히 반복하는 것은 먼 길을 돌아가는 일이기도 하다. 우리에게는 더 똑똑한 부지런함이 필요하다.

드라마 〈스토브리그〉로 연기대상을 수상한 배우 남궁민은 자신만의 독특한 연습 방법이 있다. 그는 무명일 때부터 하루도 거르지 않고 이러한 자기만의 방식으로 연기 연습을 해왔다.

먼저 그는 아직 시청한 적이 없는 영화나 드라마의 대본을 구한다. 대사를 반복해 읽고 자기 식으로 캐릭터를 구축하면서 연습을 거듭한다. 모든 작업을 끝내고 나서야 실제 작품을 본다. 그리고 해당 캐릭터를 실제로 연기한 배우와 자신의 연기를 비교해보는 것이다.

말하자면 '반복'에 관한 두 가지 선택지가 있는 것이다. 배우 100명이 펼친 명연기를 똑같이 모방하는 100번의 연습이 있다. 다른 한편에는 100개의 캐릭터를 창조적으로 만들며 연습하는 남궁민 방식이 있다. 성실하게 반복한다는 점에서는 똑같지만 그 안을 들여다보면 두 개의 방향성은 전혀 다르다는 것을 알 수 있다.

무언가를 끊이지 않고 부지런히 하고 있다면 잠깐 멈춰서 그 행위를 돌아보자. 그 행위가 가드닝으로 이어지고 있는지, 내가 원하는 근육이 자라나고 있는지 곰곰이 따져봐야 한다. 더불어 그저 무언가를 반복하고 있다는 사실만으로 위안을 얻는 것은 아닌지 의심해봐야 한다.

알고리즘의 정글에서

가드닝을 하러 나섰는데 일주일 내내 악천후가 계속된다면 난감할 수밖에 없다. 이런 상황에서 가드너가 할 수 있는 일은 거의 없다.

콘텐츠 가드너에게 이러한 악천후는 온라인 콘텐츠와

소셜미디어, 각종 디지털 도구가 불러온 자극의 홍수에 비유할 수 있다. 둑이 무너진 것처럼 끝도 없는 정보와 자극이 매순간 나를 덮친다. 나는 마치 무언가에 홀린 사람처럼 이 링크와 저 링크를 타고 다니며 정보를 탐닉한다.

다양한 자극은 내게 꼭 필요한 아이디어를 제시하기보다는 나를 산만하게 만들 가능성이 높다. 내가 무엇을 하려고 스마트폰을 켰는지 잊게 만들고, 알고리즘의 정글에서 한참을 방황하게 만든다. 정작 애정을 쏟아야 할 내 콘텐츠가 뒷전이 되기도 한다.

나 역시 조금만 방심하면 어김없이 온라인 정글에 갇혀 허우적대기 일쑤다. 인터넷 창은 20개가 넘게 띄워져 있고, 10개쯤 되는 프로그램이 동시에 돌아간다. 이 사이를 오가겠다며, 'alt + tab' 단축키를 발작적으로 눌러댄다. 그리고 할 일을 잊은 채 스마트폰 화면을 쉴 새 없이 위에서 아래로 당기고 있는 것이다.

인터넷과 유튜브가 지금처럼 대중화되기 전에 이런 미래를 경고한 사람이 있다. 《죽도록 즐기기》의 저자 닐 포스트먼은 조지 오웰과 올더스 헉슬리가 제시한 서로 다른 디스토피아의 모습을 비교한다. 그는 우리가 빅브라더 같은 감시자 때문이 아니라, 스스로 자진해 이런저런 것들에 관심이 팔리면서 "정신적 황폐화"를 겪게 될 것이라고 보았다. 그는 거대 권력이 우리를 강제하는 것이 아니라 우리 자신이 자발적으로 늪으로 향할 거라고 본 것이다. 전자책으로 그의 글을 읽던 나는 격하게 고개를 끄덕이고서는 'alt + tab' 키를 눌러 또다시 인터넷 창을 열었다.

앞으로의 환경은 우리를 더욱 산만하게 만들 것이다. 그럴수록 자신의 고요한 내면에 머물면서 깊게 몰두하는 힘이 더욱 절실히 필요해진다.

누구나 한 번씩은 경험해봤을 것이다. 보고서나 과제 제출 마감까지 1시간밖에 남지 않았다. 이때 초인적인 집중력으로 무질서하게 늘어선 메모를 일목요연하게 꿰어내서 일필휘지한 경험 말이다.

이 순간만큼은 그 어떤 잡념도 허락하지 않고, 온전히 한 가지 주제에 집중해서 글을 써내려간다. 외부의 자극과 머릿속을 어지럽히는 다양한 삶의 과제는 잠시 잊고 눈앞의 작업만 명료하게 의식하는 것이다. 이렇게 한참 몰두하고 나면 개운함과 후련함, 혹은 뿌듯함을 느낄 수 있다.

창작을 하려면 바로 이 경험이 주는 감각을 되찾아야 한다. 자극과 소음으로 가득 찬 온라인 세상에서 로그아웃하고, 자신의 깊은 내면으로 로그인할 때 찾아오는 감각이다.

어떻게 이를 연습할 수 있을까?

이 문제를 오랫동안 고민하고 나 자신에게 실험해보면서 스스로 찾은 답은 바로 이것이다. 되도록 자극이 적은 것들을 곁에 두는 것이다. 나는 정신이 산만해지면 비교적 단조로운 자극을 주는 종이책을 읽거나 팟캐스트를 듣는다. 그러면 내 생각이 완만한 자극 곡선을 따라서 천천히 걷기 시작한다. 점차 생각엔 소실점이 생기고, 길고 깊게 생각하는 방식을 서서히 되찾는다. 나에게 '느릿하게 말을 걸어오는' 것들과 함께하면 그것에 대한 내 반응도 정상 속도로 돌아오는 것이다.

어떤 때는 책상 위에 메모지 한 장만 놓고 그 위에 단어 하나를 쓴다. 그리고 지긋이 바라본다. 내 생각이 그 한 단어에 닻을 내릴 수 있도록 해보는 것이다. 외부에서 들어오는 자극을 제한할 때, 역설적으로 내 머릿속에서 가장 활발한 자극이 일어난다.

자신이 얼마나 많은 자극에 노출되어 있는지 살펴보라. 바삐 움직인다고 해서 생산적인 것은 아니다. 창밖 세상은 폭풍이 치고 비가 내리더라도 우리는 고요한 내면 세계로 더 자주, 더 빨리 들어가는 연습을 해야 한다. 혼자서 고요한 사유에 잠길 때, 외부의 자극을 차단하고 내면에서 일어나는 자극을 좇기 시작할 때, 우리의 창조성이 이미 거기에 존재하고 있었다는 것을 분명히 깨달을 수 있다.

부러움에 지지 않고

널리 알려진 또 다른 적은 부러움이다. 옆집 가드너는 굴러다니는 씨앗을 아무렇게나 뿌렸는데도 황금 사과가 열리고, 자신은 고심해서 고른 씨앗을 정성껏 가꿨는데도 아무런 결실을 맺지 못했다는 것이다. 그렇게 자신과 주위를 끊임없이 비교하면서 스스로의 못난 부분만 주목한다. 다른 가드너를 부러워하면서 스스로의 가지를 꺾어버리고 만다. 가드닝을 경쟁으로 오해하면 충분히 벌어질 수 있는 일이다.

사회생활을 할 때에는 경쟁을 피하기가 어렵다. 내가 아무리 전속력으로 달려도 언제나 나를 추월하는 사람이 나타나기 마련이다. 경쟁의 세계에서는 속도가 관건이다. 누구보다 빨리 목적지에 이르기 위해서는 추월과 경쟁의 문법을 따를 수밖에 없다.

그렇지만 가드닝의 세계는 이와 다르다. 가드닝은 기

르기의 세계다. 식물은 저마다 생장 속도가 다르다. 성장을 재촉할 수도, 강제할 수도 없다. 이처럼 기르기의 세계에서는 오로지 가드너의 고유한 성장만이 존재할 뿐이다. 가드너는 어제보다 오늘 한 뼘 더 자랐고, 어제보다 오늘의 정원이 윤택해진 것에 주목해야 한다.

남들에 비해서 내 출발점이 별 볼 일 없다고 생각하는가? 지금 부족한 만큼 향후 내 성장폭은 더 클 수밖에 없다는 점을 상기해보라. 처음 가드닝을 시작하던 때와 비교하면 무엇이라도 나아진 점이 분명 있다. 그만큼을 충분히 누리고 다시 동력을 얻으면 된다.

내가 이루지 못한 것을 되새기기보다는 내가 방금 틔운 싹을 주목해보자. 그러면 용기를 얻어 다시 시작할 수 있다. 가드너는 자신의 불운과 약점 대신 가능성과 성장을 곱씹는 사람이다.

자신의 성장을 바라보는 시선은 다른 가드너를 향할 때도 똑같이 적용된다. 내가 고유한 만큼 그 또한 고유하다. 내가 성장한 만큼 그도 그만의 방식으로 성장하고 있다. 그래서 가드너들은 서로 우위를 비교하지 않는다.

2021년 아카데미 시상식에서 여우조연상을 수상한 윤여정 배우의 소감이 화제다.

"저는 경쟁을 믿지 않습니다. 우리 다섯 명은 서로 다른 영화에서 각자의 역할로 모두가 승리했습니다. 우리는 서로 경쟁할 수 없습니다."

윤여정 배우가 보여준 품격은 전 세계 영화 팬들의 찬사를 불러일으킬 만했다. 경쟁의 세계에서는 타인을 경쟁자로 보기 쉽지만, 가드닝의 세계에서는 서로를 협력자로 바라본다. 우리와 그들 모두 같은 땅에 뿌리를 내린 뒤, 각자의 고유함으로 커다란 숲을 이뤄간다. 그리고 이들 간에 협력이 이뤄진다면 당사자들뿐만 아니라, 훨씬 더 많은 사람들이 함께 즐길 수 있는 정원이 된다.

평소 즐겨 보던 창작 그룹인 티키틱이 악동뮤지션의 이수현과 함께 노래를 발표했다. 그 제목이 〈연습 별로 안 했어요, 50시간 정도〉다. 이수현과 티키틱은 오랫동안 서로의 팬을 자처했는데, 이런 둘의 관계를 알고 있던 팬들은 그들의 협력을 지켜보면서 누구보다 기뻐했다. 이렇듯 가드닝의 세계를 세심하게 들여다본다면 그곳은 경쟁의 장이라기보다는 협력의 장이라는 것을 알 수 있다.

우리는 언제나 다른 사람의 정원에서 영감을 얻는다. 그렇기에 네가 풍요로워지면, 나도 그 땅에서 더불어 풍요로워질 수 있다. 타인의 정원과 그들의 성장까지 마음껏 누려보라. 그리고 다시 나의 정원으로 돌아와 내 콘텐츠에 몰두해보는 것이다. 타인에게서 영감을 받고, 그들에게서 배우기만 해도 시간이 부족할 것이다. 내가 타인의 무엇을 부러워했는지 떠올릴 새도 없이 바쁘게 시간을 보낼 수 있다.

부러움 때문에 자신의 가지를 꺾지 말고, 그 대신에 다른 가드너들과 어떻게 협력할지 즐겁게 상상해보라. 협력자들이 당신의 꺾인 의지를 다시 세워줄 것이다.

가드너가
되는 길

초록 손가락

의도치 않게 식물을 자주 죽이는 사람들이 있는가 하면, 어떤 식물이든 잘 길러내는 사람들도 있다. 이들을 가리켜 영미권에서는 '초록 손가락(green fingers)'이라 부른다.

세상에서 가장 노련한 가드너를 떠올려보자. 어떤 씨앗이라도 그의 손만 거치면 싹을 틔우고 풍성한 열매를 맺는다. 씨앗을 바라보는 그의 시선은 더없이 온화하고, 흙 때가 묻은 그의 손은 생명을 촉진하는 법을 잘 알고 있다. 더 나아가 그는 가드닝을 방해하는 요소가 나타나도 흔들리지 않고 유연하게 대처한다.

씨앗에 담긴 가능성을 볼 줄 아는 긍정성, 손길의 유능함, 실패에 대한 태도가 곧 기르는 힘이다. 그가 바로 '초록 손가락'이다.

그는 애정 어린 눈길로 작은 씨앗을 바라본다. 가드너는 그 작은 씨앗에서 84m 높이의 '제너럴 셔먼 트리'가 자랄 수 있음을 믿는 사람이다. 동시에 그 가능성을 끌어내주는 사람이기도 하다.

어느 날 할머니는 네 살배기 손녀를 돌보고 있었다. 할머니가 애니메이션을 틀어주자 손녀는 화면을 멈추고 그 장면을 따라 그리기 시작했다. 다른 사람이라면 대수롭지 않게 넘겼을지도 모르지만, 할머니는 손녀의 가능성을 보았다. 스케치북과 그림 도구를 사서 손녀에게 쥐여주었다. 그때부터 손녀는 해가 뜰 때부터 질 때까지 줄곧 그림을 그렸다. 일러스트레이터 집시(zipcy)의 이야기다. 그녀는 할머니와 함께 있던 방의 냄새와 온도까지 기억한다면서 자신의 컬러링북 제목을 《설렘의 온도》로 짓기도 했다. 할머니는 손녀가 훗날 넷플릭스와도 작업하는 유능한 일러스트레이터가 되리라는 것까지 예상하지는 못했을 것이다. 하지만 할머니의 정성 덕분에 집시는 자신의 가능성을 싹틔울 수 있었다.

이처럼 콘텐츠 가드너는 자신이 품은 가능성을 믿고 그것에 정성을 들일 줄 안다. 콘텐츠 가드닝을 하면서 아직 경험하지 못한 자신의 내면 세계를 만나고 또 이를 넓혀가는 것이다. 가드닝은 익숙지 않은 세상을 향해 떠나는 모험이며, 스스로 보지 못한 자신의 새로운 면모를 발견해가는 여정이다. 낯선 곳으로 떠나는 여행엔 가치관과 세계관마저도 바꿀 만한 미지의 만남이 기다리고 있다. 이처럼 진정한 가드닝에는 내가 새로워질 수 있는 기회로 가득하다.

자신 안의 또 다른 가능성을 상상할 수 있는 사람은 실제로 '새로운 나'가 될 수 있다. 참신한 관점으로 세상을 바라볼 수 있고, 이전의 나라면 만들 수 없었던 콘텐츠를 상상할 수도 있다. 새로운 씨앗이 주어져도 당황하지 않고 이를 품어내 싹 틔울 수 있는 것이다.

또한 그렇게 할 때 비로소 창작자가 독자에게 새로운 것을 제안할 수 있다. 독자가 이미 경험한 것을 반복적으로 경험하게 하는 것이 아니라, 독자가 아직 경험해보지 못한 새로운 세상으로 초대하는 것이다.

미처 세상이 알아주지 못한 자기 내면의 가능성을 바라보면서 전보다 큰 세계를 품기 시작할 때, 비로소 가드너는 기르는 힘을 갖게 된다.

감탄과 떨림으로

몽골에서 여행할 때다. 나는 수도 울란바토르(Ulaanbaatar)에서 서쪽으로 380km 떨어진 어기 호수(Ugii Lake)에 머물렀다. 게르에 짐을 풀고 나오자 저 멀리서 커다란 개가 족히 100마리는 되는 양을 몰고 있었다. 개는 자신이 해야 할 일이 무엇인지 정확히 알고 있다는 듯이 익숙한 몸놀림으로 움직였다. 양들을 에워싸고 커다랗게 원을 그리며 달렸다가, 양들과 거리를 좁혀서 달리기도 했다. 영화 〈혹성탈출〉의 주인공 침팬지 시저가 말을 타고 다니는 모습만큼이나 신기한 광경이었다.

밤이 되어 호수 주변에서 모닥불을 피웠다. 일행들과 불을 쬐다가 내가 그만 실수로 양치기 개의 꼬리를 세게 밟고 말았다. 나는 미안해서 쩔쩔맸는데 그 개는 작은 신음 소리조차 내지 않고, 태연하게 꼬리를 흔들었다. 그다음이 진짜 압권이다. 일행 한 명이 100여 미터 떨어진 화장실에 가려 하자 그 개가 갑자기 벌떡 일어나더니 일행을 에스코트하는 게 아닌가. 그렇게 둘은 어둠 속으로 사라졌다가 함께 돌아왔다.

그날 양치기 개가 보여준 명석함과 뭔지 모를 고결함은 어디서도 본 적 없는 종류의 것이었다. '인간과 개'라는 관계의 원형이 있다면, 이런 모습이 아닐까 싶을 정도로 경이로웠다.

많은 이들이 여행을 하는 이유도 이런 순간을 만나기 위해서가 아닐까. 놀랍고 아름다운 세계를 만나고 그것에서 영감을 얻어 창작을 이어간다. 하지만 매일같이 여행을 떠나지 않는 이상 우리가 직접 경험을 통해서 만날 수 있는 것들엔 한계가 있다. 팬데믹의 영향으로 여행도 당분간은 어려워졌다. 그러니 우리는 차선책을 찾아야 한다. 바로 다른 창작자들이 누린 경험과 감탄을 엿보는 일이다.

나는 유튜브 채널 〈와인킹〉을 즐겨본다. 와인에 푹 빠진 한 남성이 미국에서 거주하며 운영하는 채널로 두 명의 스승과 함께 와인에 대한 이야기를 매번 흥미롭고 즐겁게 풀어낸다. 와인을 둘러싼 다양한 정보와 이들이 나눈 대화의 풍미도 큰 매력이지만, 무엇보다 〈와인킹〉이 와인에 대해 감탄하는 모습 그 자체가 채널의 주요한 매력이 아닐까 싶다. 채널을 보는 누구라도 〈와인킹〉의 삶에 얼마나 많은 감탄이 녹아 있는지 충분히 느낄 수 있을 것이다. 그리고 그 감탄의 정서는 구독자에도 쉽게 전이된다.

또 다른 유튜브 채널로는 〈새덕후〉가 있다. '새덕후'가 국내 방방곡곡을 돌아다니며 수많은 새를 발견하고 소개하는 채널이다. 그는 늘 멋진 새를 발견할 때마다 흥분을 감추지 못한 채 "어! 대박!"을 외치며 카메라를 들고 달려간다. 그가 달려간 곳엔 어김없이 한 번에 기억하기 어려운 이름을 가진 새가 앉아 있다. 이 채널이 아니면 평생 들어보지도 못했을 이름이다.

국내에 이렇게 다양한 새들이 서식하고 있다는 사실도, 새들의 날갯짓이 그렇게 아름답고 멋지다는 것도 채널을 통해서 알게 됐다. 〈새덕후〉 채널은 그가 새를 관찰하면서 경험한 감탄의 세계로 구독자를 초대한다. 영상을 보고 있으면 새들의 아름다운 자태와 날갯짓에 누구라도 금방 빠져들게 된다. 거기에 뛰어난 영상미와 새들이 놀라지 않도록 수백 미터 떨어져서 촬영하는 그의 배려까지 배울 수 있다는 점은 덤이다.

창작자들은 삶에서 발견한 감탄을 콘텐츠로 가져와 담아낸다. 우리는 창작자가 새롭게 발견한 세상과 그것을 표현해낸 세계를 통해서 어느 때건 감탄할 수 있다.

내게 그 대상은 몇 년씩이나 다산 정약용이었다. 왕의 총애를 받던 최고의 학자였지만, 세상은 그를 버렸다. 뿌리째 뽑힌 삶은 유배지에 던져졌지만, 그는 거기서 백성의 눈높이로 세상을 다시 보기 시작한다. 위대한 학자로서가 아니라, 가장 낮은 자리에서 조선을 바라본 그는 500여 편의 저술 작업을 내놓고, 패기 있게 학자로서의 삶을 이어나간다.

"세상이 당신을 문전박대할 때, 오히려 당신이 세상에 무엇을 기여할 수 있는지 생각하라."

그의 삶과 정신이 내게 새긴 문장이다. 모든 게 내려앉은 절망 속에서도 스스로를 가다듬고, 자신의 삶을 일으킨 그 정신은 언제나 내게 생생하게 다가온다. 벼랑에 서서 발휘한 그 자신감을 떠올릴 때면, 내 안에도 그와 비슷한 종류의 활력이 생겨난다.

창작자의 삶을 내 앞에 생생하게 재현시키고 그 사람의 사유와 정서를 가장 가까운 거리에서 바라볼 수 있다면, 그때 만나는 경이로움은 여행할 때 느끼는 그것 못지않게 오래갈 것이다. 내 삶과 동떨어진 곳의 어느 창작자가 오늘을 살아가는 내게 영향을 미치기 시작한 것이다.

우리 주위에 수많은 콘텐츠가 있다. 홍수에 마실 물이 없는 것처럼 모든 게 소음으로 다가올 수도 있다. 그렇지만 조금만 들여다보면 감탄으로 충만한 콘텐츠를 어렵지 않게 만날 수 있다. 우리도 그들처럼 감탄의 대상을 다시 만나야 한다. 잠시 잊고 지내던 탄성의 순간을 되찾는다면 그것은 우리 삶에 더 넓은 시야를 허락하고, 상상해본 적이 없는 곳으로 우리를 이끌 것이다.

코의 점막을 간질거리는 숲의 그윽함이나 비가 온 뒤 촉촉해진 땅이 주는 촉감을 경험하지 않고는 내 작은 정원이 세상에 무엇을 줄 수 있을지 상상할 수 없다. 풍부한 정서를 누려보지 못한 사람이, 풍부한 정서를 나눌 수 없는 것은 당연한 이치다. 풍미가 깊은 와인을 맛보지 않은 사람이 좋은 와인을 논할 수 없는 것처럼 말이다. 콘텐츠에는 창작자가 경험한 감격 이상을 담을 수 없다.

창작자의 삶은 경탄과 놀라움으로 충만해야 한다. 감탄할 줄 아는 사람만이 훌륭한 창작자가 된다. 빈센트 반 고흐는 동생 테오에게 말했다.

"아름다운 것에 가능한 한 많이 감탄하렴. 많은 사람들이 충분히 감탄하며 살지 못하고 있거든."

기르는
힘을
기르기

경험의 쓸모

가드너는 언제라도 자신의 가능성을 긍정할 줄 알아야 한다. 하지만 이것만으로는 부족하다. 실용적인 태도가 동시에 필요하다. 노련한 가드너는 가드닝의 과학을 이해하고 있으며 이를 활용할 줄 아는 사람이다.

물론 가드너가 실험실의 과학자는 아니다. 뿌리가 흙속의 물을 빨아들이는 '삼투 현상'을 과학적인 언어로 설명해낼 필요는 없다. 화학작용을 연구하고 이해해야만 가드닝을 할 수 있는 것도 아니다.

그렇다고 해서 가드너는 가드닝을 더 효과적으로 할수 있는 실용적인 방법에 무관심한 사람도 아니다. 우리에겐 실용적 지식과 실천적 훈련이 필요하다. 예를 들어 질소, 인산과 칼륨이 생장에 어떤 도움이 되는지는 알고 있어야 한다. 식물의 뿌리 건강이 안 좋을 때와 잎이 쉽게 마를 때는 각기 다른 비료가 필요하다. 가드닝이 잘 풀리지 않을 때 최소한 '비료의 3요소'를 알고 있어야 도움이 되는 것이다.

초심자 가드너를 떠올려보자. 그는 싹을 쉽게 틔우는 토마토 씨앗을 심는다. 그리고 줄기가 자라는 모습을 관찰한다. 줄기가 얼마나 컸는지 측정하고 일지에 적는다. 그러면서 토마토가 어떤 토양과 양분을 선호하는지를 공부한다. 무엇이 효과적인 방법인지, 어떻게 해야 생명을 촉진할 수 있는지 몸소 배우면서 열매를 맺는다.

씨앗을 심고 열매 맺기까지 진행하고 나면, 그는 자연스럽게 다른 씨앗도 싹 틔울 수 있다는 생각을 한다. 다른 식물을 기를 때는 또 다른 변수가 생길 것이다. 물을 덜 줘야 하거나, 비료를 바꿔야 할 수도 있다. 하지만 싹을 틔워 열매를 맺는 과정을 단 한 번이라도 경험했다면 새로운 변수가 나타나도 이를 다루는 일이 크게 어렵진 않다.

조금이라도 가드닝을 경험해봐야 실용적인 방법이 언제 필요한지 알고 이론을 체화할 수 있다. 경험적인 지식과 실천적인 훈련 없이 이론만 익히는 것은 큰 도움이 되지 못한다.

콘텐츠 가드닝도 마찬가지다. 우선은 해봐야 한다. 그것을 경험해볼 때 내가 잘할 수 있는 게 무엇이고, 어려운 게 무엇인지 가늠할 수 있다. 어떤 창작 방식이 내게 잘 맞는지 파악하는 감각이 생긴다. 그래야 자기만의 가드닝 과정을 만들어갈 수 있고, 그것을 개선할 수도 있다.

또 이렇게 가드닝을 하다가 막혔을 때라야 비로소 다

른 사람들은 어떻게 하고 있는지 눈에 들어온다. 이들의 방법, 관점, 태도를 흡수하면서 비약적으로 배운다. 그들이 창작의 우선순위를 정할 때 어떤 고민을 하는지도 만날 수 있을 것이다. 하면서 배우는 실천적 훈련이 시작된다.

자신이 완결하려고 마음 먹은 범위 내에서는 기필코 콘텐츠를 완결해보라. 만일 이때 엄두가 나지 않는다면 자신의 기준을 낮추어 베타 콘텐츠를 만들어보면 좋다. 완성된 창작물이 성에 차지 않더라도 완결을 해본 사람만이 깨닫게 되는 것들이 있다. 그 감각을 여러 번 경험하면 기르는 근육이 단단해진다.

가드너는 직감으로만 일하지 않는다. 그저 하고 싶은 대로, 되는 대로만 하진 않는다. 가드너는 어떤 방법이 효과적인지 합리적으로 고민하는 사람이다. 실용적인 감각은 이론만 이해했을 때 찾아오지 않는다. 경험을 할 때 비로소 내 것이 된다.

과정으로 창작하기

창작자들은 자기만의 작업 과정이 있다. 그들은 종이 한 장에 자신의 작업 과정을 일련의 흐름으로 그려낼 수 있다. '과정을 기르는 것'이 곧 콘텐츠를 기르는 힘이다.

'과정 기르기'는 어떤 도움이 될까? 과정의 흐름을 파악하고, 작업을 구분할 수 있어야 자신이 지금 어디쯤을 지나는지 알 수 있다. 지금 내 작업이 어디쯤에 위치하는지 모른다면, 쉽게 길을 잃고 재미를 느끼지 못할 수도 있다. 또한 과정을 두 눈으로 볼 수 있어야 점검하고 개선할 수도 있다. 그래야 일의 효율도 오른다.

고백하자면 이 책《콘텐츠 가드닝》의 상당 부분은 나만의 가드닝 과정을 정리하는 중에 나왔다. 이렇듯 과정을 눈에 보이는 형태로 파악하고 체계화할 수 있을 때, 점차 큰 단위의 작업도 해낼 수 있게 된다. 과정을 발견할 수 있다면 작업의 규모도 높일 수 있다.

먼저 나만의 가드닝이 어떤 흐름으로 진행되는지 그려보라. 소재를 찾는 것에서부터 어떤 과정을 거쳐 콘텐츠가 완성되는지 그 순서를 대략적으로 그려보는 것이다.

회사에서 발표를 맡게 되어 8장짜리 PPT 슬라이드를 준비해야 할 때, 어떻게 하면 가장 효율적으로 만들 수 있을까? 먼저 종이에 끄적거리면서 중심 메시지를 잡아본다. 메시지를 8개로 나누고, 위치를 조정하며 자연스러운 흐름이 되도록 순서를 확정한다. 그다음에 슬라이드를 꾸밀 수 있는 이미지를 찾고, 요소들을 제자리에 배치한다. 다음으로는 인용한 자료의 출처를 표기하고, 가독성이 높은 폰트로 바꿔주거나 전체적인 디자인을 깔끔하게 만들어 마무리한다.

물론 분량이 많지 않기 때문에 앞에서부터 슬라이드를 하나씩 완성해나갈 수도 있겠지만, 이렇게 작은 단위에서도 작업 구분을 할 수 있다면, 큰 단위에서도 전체 과정을 주도할 수 있다.

A4 한 장을 펼쳐서 지금 수준에서 가능한 만큼 흐름도를 정리해보자. 처음에는 지극히 단순했던 그 흐름도를 앞으로 몇 달간, 혹은 몇 년간 세부적으로 구체화해가는 것이다. 그것이 자기만의 '가드닝 과정'이 되어준다.

예전에 나는 '8장의 슬라이드'를 만들 때조차 쩔쩔맸다. 첫 번째 슬라이드를 만드는 데 하루를 모두 써버렸다. '작업 과정'이라는 것이 존재하는지도 몰랐다. 지금은 이때와는 달리 나만의 과정이 생겨났다.

작업 과정을 파악하는 힘은 가드닝의 후반부에 이를수록 큰 도움이 된다. 작업이 뒤로 갈수록 할 일이 많아지기 때문이다. 태그와 목차, 씨앗글, 글감이나 자료 등 다양한 요소를 동시에 살피고 관리해야 한다. 이때 전체적인 체계를 파악하고 있으면 여러 곳을 동시에 작업할 때도 당황하지 않고 정교한 작업을 이어갈 수 있다. 작업 관리가 잘 되지 않으면 분명히 적어놓았다고 생각한 중요한 문장을 다시 찾지 못하거나 지금 몇 번째로 퇴고를 하는지조차 잊을 수도 있다. 무엇이 완료되어야 하고, 어디까지 완수되었는지 모른다면 헤맬 수밖에 없는 것이다.

내가 집필하는 공간의 한쪽 벽면에는《콘텐츠 가드닝》의 진행 상황을 한눈에 볼 수 있게 정리해서 붙여두었다. 이 메모는 내가 무엇을 해야 하는지, 혹은 어느 과정에 머무르고 있는지 알려준다. 특히 여기에 적어둔 작업은 크게 두 가지 속성으로 나뉜다. 하나는 생각을 많이 해야 하는 작업이고, 다른 하나는 다소 기계적으로 접근할 수 있는 작업이다. 전자엔 다음과 같은 항목이 해당된다.

- **콘텐츠가 뚜렷하게 하나의 방향을 가리키는지**
- **목차의 순서가 적당한지**
- **글이 서로 유기적인지**
- **글이 매력적으로 읽히는지**
- **글에서 고유함이 느껴지는지**
- **더 나은 표현은 없는지**

이 작업들을 할 때에는 곧장 문장을 다듬기보다는 멈춰서서 생각을 곱씹어야 하는 경우가 많다. 시간을 들여 생각을 정리해간다. 따라서 퇴고할 때는 위 항목들을 한꺼번에 고려해서 진행하기보다 하나하나의 질문에 찬찬히 답해보면서 숙고하는 시간을 가진다.

반면 후자에는 비교적 단순한 작업들이 해당된다. 맞춤법 확인, 표기방식 통일, 불필요한 문장 제거, 사실 관계 확인 등이다.

이제 커다란 표를 만들어서 세로 축에는 모든 글의 목록을 나열하고, 가로 축에는 속성별로 체크리스트를 적어둔다. 막바지 작업을 할 때는 이 체크리스트를 등대 삼아 진척 상황을 확인하면 된다.

예를 들어 1일차에는 표현만 다듬는다. 자신이 지향하는 스타일에 맞게 문장의 톤을 통일하는 작업이다. 더 나은 표현으로 바꾸는 일을 할 수도 있다. 대신 이때에는 문장끼리 잘 연결되어 있는지 여부는 신경 쓰지 말고 표현만 주목하고 다듬는다.

2일차에는 미완성으로 남아 있는 글을 마저 쓴다. 절반만 쓰고 매듭짓지 못한 글, 혹은 개요만 잡아두고 착수하지 못한 글을 쓰며 완성한다. 이때도 되도록 다른 작업을 함께 진행하지 않고 하나의 미션에만 집중한다.

3일차에는 전체의 흐름을 확인한다. 가령 목차의 흐름이 적절해 보이는지, 또는 목차가 변경될 필요는 없는지 살핀다. 흐름을 눈으로 따라가면서 내용을 재배치한다. 그렇게 진행하다가 더 나은 예시가 필요한 부분을 발견했다면 표시만 해두고 전체 흐름을 맞추는 작업을 이어간다.

4일차에는 좀 더 기계적으로 할 수 있는 일을 한다. 전날에 표시해둔 대로 좋은 자료를 찾아보기도 하고 기존에 쓴 글에 녹아 있는 자료와 맞춤법을 확인한다.

이렇게 한 가지 속성에만 주목해서 작업하는 이유는 서로 다른 속성의 일을 번갈아 하게 될 경우, 작업이 비효율적이 되기 때문이다. 비슷한 속성을 잘 묶어주고, 나누어 작업하는 편이 좋다.

창작자라면 자신이 하는 일이 과정의 흐름상 어디쯤에 위치하는지 볼 수 있어야 한다. 작업들을 여러 속성으로 구분하고, 나누어서 수행해야 한다. 그렇게 할 때 작업들이 꼬이지 않고, 중복 없이 작업할 수 있다.

서로 다른 층위의 작업을 나누어 마치고 마지막에 이 모든 것을 겹쳐놓고 보면, 그럴듯한 콘텐츠로 열매를 맺을 수 있을 것이다. 창작자라면 창의성으로 가드닝을 앞에서 끌고 나가고, 치밀함으로 남겨진 작업을 구분해서 완수해야 한다. 이렇듯 과정 기르기는 작업의 효율성을 높여주며 자연히 결과에까지 영향을 준다.

물론 그것이 전부는 아니다. 과정 기르기를 하다 보면 가드너는 특권을 누릴 수 있다. 바로 과정을 즐길 수 있는 사람이 되는 것이다.

콘텐츠 가드닝을 시작하기 전에는 '과정'은 '결과'를 위해서만 존재하는 것이라 여겼다. 결과를 내는 것이 중요했지 과정을 즐기는 건 큰 의미가 없었다. 아니, 즐길 수 있는 '과정'이라는 것은 없었다.

다행스럽게도 가드닝은 과정으로서 먼저 존재한다. 열매라는 결과를 맺기 위해서만 가드닝을 하는 것은 아니다. 가드닝은 자기 목적적인(autotelic) 활동이다. 그러므로 결과 그 자체만이 창작물인 것이 아니다. 창작의 과정 또한 창작물이다. 가드닝의 모든 순간을 생동감 있게 주도한다면, 분명 '과정'이 그 자체로 보상이라는 것을 알게 될 것이다.

이웃 가드너에게 배우기

우리가 한 마을에 모여 산다면, 옆집 가드너가 정원을

어떻게 가꾸는지 수시로 지켜볼 수 있을 것이다. 과연 누가 '초록 손가락'으로 불릴 만한지, 그들의 가드닝에서 참고할 만한 것은 무엇인지 관찰할 기회가 많아진다.

이처럼 나만의 콘텐츠를 만들 때도 다른 창작자들을 유심히 지켜보면 그들에게서 다양한 힌트를 얻을 수 있다. 언제라도, 무엇이라도 건질 게 있다.

영화 〈조커〉의 감독 토드 필립스(Todd Phillips)는 감독이 되려고 마음먹은 대학생 때 한 가지 고민이 있었다. 그것은 그 자신이 시나리오를 쓸 만큼 풍부한 인생 경험을 하지 못했다는 것이다. 그래서 그는 먼저 타인의 삶을 관찰하기로 했다. 폭력적인 행위로 악명이 높은 뮤지션 GG 앨린의 삶을 치밀하게 뜯어보고, 이를 다큐멘터리 영화로 만든 것이다. 그의 데뷔작 〈헤이티드〉는 그렇게 탄생했다.

그는 영화인이라면 누구나 선망하는 뉴욕대 영화학과 출신인데, 재학 중에 제작한 〈헤이티드〉를 홍보하기 위해 결국 학교를 중퇴했다. 그는 당시의 결정에 대해 이렇게 회고했다.

"나는 그때 고작 열여덟 살이었다. 시나리오는 상당 부분 (학교가 아닌) 삶에서 끌어와 쓰는 것이다."

늘 성장하고자 하는 창작자라면, 토드 필립스의 경험

에서 몇 가지 훌륭한 관점을 얻을 수 있을 것이다. 뛰어난 학력이나 선망받는 커리어가 없더라도 좋은 창작자가 나올 수 있다는 점이다. 창작은 결국 그것을 하려는 사람만이 할 수 있다. 또 그는 창작자가 무엇을 자신의 양분으로 삼을지 스스로 결정해야 한다는 것을 보여준다. 아마도 그는 학교가 줄 수 있는 경험보다 울타리 밖 세상이 창작을 위한 더 큰 자양분을 줄 수 있으리라 생각했을 것이다.

다른 한편으로 콘텐츠 씨앗이 없어서 고민하는 사람이라면 그가 〈헤이티드〉를 작업한 배경을 주목할 수도 있다. 자신에게 특별한 소재가 없다고 생각될 때 '관찰력'을 무기로 콘텐츠를 만들 수 있는 것이다.

그가 걸어온 길을 조금 더 들여다보자. 그가 〈조커〉를 흥행시키기 전에는 어떤 영화를 만들었을까? 아마도 〈조커〉와 비슷하게, 삶의 부조리를 고발하는 다소 어두운 분위기의 영화가 아니었을까? 전혀 그렇지 않다. 〈조커〉를 세상에 내놓기 전까지 그의 대표작은 〈행오버〉였다. 그는 이 작품으로 골든글로브에서 뮤지컬/코미디 부문 최우수 작품상을 수상했다. 〈조커〉를 만들기 전까지 그의 명성의 대부분은 이 〈행오버〉 시리즈에서 나왔다.

그는 어떻게 이렇게 확연히 다른 장르를 창작하면서

도 양쪽 모두를 잘 해낼 수 있었을까? 그는 그저 유별나게 유능한 사람일까?

〈겟 아웃〉과 〈어스〉를 연이어 흥행시키며 공포 영화의 새로운 지평을 열었다고 평가받는 조던 필(Jordan Peele) 감독도 비슷한 여정을 통과했다. 조던 필 감독은 공포 영화에 뛰어들기 전 코미디 대본을 쓰는 일을 했는데, 이때의 경험이 공포 영화를 만드는 데 큰 도움이 되었다고 말한다. 코미디 대본을 쓰던 그는 중요한 이야기를 어느 시점에 꺼내야 관객이 가장 극적으로 반응하는지 체득할 수 있었다는 것이다.

언뜻 보면 전혀 다른 장르의 창작 경험은 창작자에게 불리한 요소로 보인다. 일관된 개성과 작품의 통일성이 창작자의 고유성을 선명히 해주리라 믿는 것이다. 하지만 앞서 두 감독의 사례에서 우리가 알 수 있는 것은 서로 다른 경험이 겹쳐졌을 때 남들이 보지 못하는 것을 발견할 수도 있다는 것이다. 또한 두 감독은 줄곧 한 가지 영역에 머무르지 않아도 장르를 교차하며 자신만의 창작을 이어갈 수 있다고 말해주는 듯하다.

뮤지션 선우정아는 오랜 시간 재즈 클럽에서 활동해 온 한편, YG엔터테인먼트의 요청으로 그룹 '2NE1'의

〈I don't care〉라는 곡을 리메이크해 화제가 되기도 했다. 선우정아는 자신의 활동 스펙트럼이 넓은 이유가 클래식에서 HOT(에이치오티)의 음악까지 양극단을 오가는 음악 취향에 있다고 말한다. 이를 통해 그녀는 누구보다 폭넓은 무대에서 자신만의 음악세계를 넓혀가는 중이다.

이렇게 우리는 다양한 분야에 걸친 창작자들의 발자취를 통해 자신의 상황에 필요한 질문을 떠올릴 수 있다. '나는 충분히 다양한 장르를 경험하고 있는가?', '스펙트럼을 넓히는 것이 내 창작에 도움이 되지 않을까?'

옆집 정원에 황금 사과가 열렸다고 해서 그 열매만 부러워할 일은 아니다. 그들이 무엇을, 어떻게 가드닝하고 있는지 집요하게 관찰한다면 그들의 숨은 무기도 발견할 수 있다. 그것을 내 상황에 적용해 활용할 수 있다면 나 역시 언젠가 세상을 놀래킬 아름다운 열매를 맺을 수 있을 것이다.

창작자들을 관찰할 때 주의해야 할 점도 있다. 탁월한 창작자 모두가 자신의 전문성을 명료하게 설명해내는 것은 아니다. 오히려 자신이 어떻게 그토록 뛰어난 작품을 만들어낼 수 있었는지 모르는 경우도 있다.

'SF(science fiction) 장르'를 개척했다고 평가받는 아이작

아시모프가 그렇다. 그는 어느 편지에서 자신이 어떻게 글을 잘 쓸 수 있었는지 자신도 모른다고 밝혔다. "나는 글을 처음 쓸 때부터 어떻게 쓰는지 알고 있었다. 글쓰기는 내게 자연스럽게 다가왔다." 그리고 이렇게 덧붙인다. "나는 글쓰기에 대해 전혀 모른다."

숨을 쉬고 있지만 어떻게 숨을 쉬는지 설명할 수 없는 것과 마찬가지로, 글쓰기는 그에게 지극히 자연스러운 일이었던 것이다. 아이작 아시모프는 솔직해서 다행이지만, 일부 창작자들은 그 자신조차 어떻게 해냈는지 알지 못한 채로 조언을 내뱉는다. 이는 때때로 많은 초심자를 혼란에 빠뜨린다.

그래서 나는 천재 창작자가 아닌 사람들을 더 많이 관찰하려고 한다. 전혀 다른 분야에서 일하다가 뒤늦게 창작의 길을 걷게 된 사람이나 새로운 장르에서 오랜 노력 끝에 전문가 반열에 오른 사람들 말이다. 처음부터 창작에 능숙하지 못했던 그들은 더 잘하기 위해서 부단히 연구했다. 그런 연구와 실험을 통해서 뛰어난 창작자가 되었다면, 그의 말에는 분명 우리가 귀기울일 만한 부분이 한두 가지는 있을 것이다.

창작자들을 관찰해보라. 그들의 작업 방식, 하루를 보

내는 루틴, 아름다움을 발견하는 안목 등 그 무엇에든 우리가 얻을 수 있는 것들이 있다. 가드너는 지척에 있는 이웃 가드너에게서 가장 많은 것을 배워나간다.

선택의 딜레마 앞에서

가드닝을 할 때는 언제나 선택의 딜레마가 따른다. 가드너는 여러 가지 일을 동시에 요구받기 때문이다. 물을 주는 일도 시급하고 가지치기도 중요해 보인다. 새로운 씨앗을 심는 일이나 죽은 식물을 골라내는 일도 미룰 수 없다. 가드너는 이런 상황에서도 무엇을 먼저 할지 판단하고 결정해야 한다. '지금 내게 중요한 것'을 구별해내야 하는 것이다.

창작자도 이와 비슷한 딜레마를 수시로 맞딱뜨린다. 그림을 그리는 창작자라면 당장 모작을 해봐야 할 수도 있고, 다양한 작품을 많이 감상해보는 게 중요할 수도 있다. 혹은 빛과 명암(明暗)에 대한 공부가 가장 시급할지도 모른다.

가드닝의 모든 요소가 중요하게 보인다. 무엇을 먼저 해야 할지, 또는 할 일들 간에 우선순위를 어떻게 정하면 좋을지 알 수가 없다. 무엇을 가장 중요하게 여겨야 할까?

중학생 시절에 특별 활동으로 테니스를 배운 적이 있다. 열심히 참여해 배워봤지만 나에겐 너무 어려웠다. 반대편 코트의 라인 안쪽에 꽂혀야 할 공이 매번 라인 밖으로 훌쩍 넘어갔다. 코치의 지시에 따라 동작을 취했는데도 그랬다. 무엇이 문제였을까?

코치가 지시한 동작은 너댓 가지가 넘었다. 그는 라켓을 쥐는 방법부터 공을 칠 때의 시선, 힘을 주는 정도, 그리고 팔을 들어올리는 각도까지 상세하게 지시했다. 모두 익숙하지 않은 자세인 데다가 그것들을 동시에 해내려고 신경 쓰느라 나는 공을 제대로 맞힐 수 없었다.

그로부터 많은 시간이 지나 나는 우연히 한 세계적인 테니스 코치의 책을 읽게 되었다. 독특하게도 그는 초심자에게 단 두 가지만을 요청했다. 날아오는 공을 바라보면서 공이 바닥에 부딪힐 때는 '튀고(bounce)'를, 넘어온 공을 칠 때는 '치고(hit)'을 외치게 한 것이다. 이게 전부였다. 이 단순한 지시는 놀라운 효과를 보여줬는데, 테니스 라켓을 처음 잡아본 초심자들도 그에게 코칭을 받으면 불과 20분 만에 상대방과 공을 주고받는 랠리(rally)를 해낼 수 있었다.

무엇이든 처음에는 모든 게 똑같이 중요해 보인다. 그렇지만 초심자인 우리는 기껏해야 한두 가지 동작만을 따라할 수 있을 뿐이다. 그러므로 스스로에게 물어야 한다.

'내 가드닝에서 무엇을 가장 중요한 요소로 여겨야 할까?', '가드닝이 순조로워지려면 무엇을 먼저 시작해야 할까?', '내가 붙잡고 있는 것이 지금 단계에서 반드시 필요한 일인가?' '여러 중요한 것들 가운데 이 시점에 필요한 일은 무엇인가?'

가드닝이 뜻대로 잘 풀리지 않는다면 무작정 일을 진행시키기보다 잠시 하던 일을 멈추고 질문을 던져보자. 가드닝은 내가 무엇을 중요하게 여기는지 스스로 묻고, 대답하고, 또 결정해가는 과정의 반복이다.

테니스를 비롯한 스포츠 세계에는 나름의 검증된 방식들이 있다. 하지만 창작의 영역에선 누구도 쉽게 정답을 내놓지 못한다. 다만 우리는 다른 창작자들이 무엇에 주안점을 두고 작업을 이어가는지 참고해볼 수 있다. 그들은 저마다 서로 다른 답을 갖고 있다.

영화 〈기생충〉의 선전으로 주요 부문 수상을 놓치긴 했지만, 토드 필립스 감독의 〈조커〉 역시 호아킨 피닉스가 남우주연상을 받는 등 아카데미 시상식에서 2관왕을 차지했다. 배우들의 애드립이 거의 없는 〈기생충〉과는 대조적으로 〈조커〉는 호아킨 피닉스의 애드립 연기가 상당히 큰 비중을 차지했다. 여기에는 그만한 이유가 있다. 감독 토드 필립스와 호아킨 피닉스는 이 영화에서 '즉흥 연기'를 매우 중요한 요소로 여겼기 때문이다.

조커가 화장실에서 춤을 추는 장면은 즉흥적으로 삽입되었다. 원래 각본에서는 조커가 화장실에 총을 숨기고 거울을 보며 광대 분장을 지우는 장면뿐이었지만, 호아킨 피닉스는 그 장면이 영화의 분위기와 맞지 않는다고 판단했다. 그리고 감독과 단둘이 회의를 거쳐 각본을 수정한 것이다. 또 영화 막바지에 TV 프로그램에 초대된 조커가 스튜디오에 등장하는 장면은 호아킨 피닉스가 수십 차례에 걸쳐 여러 버전의 즉흥 연기를 펼치고서야 나올 수 있었다.

토드 필립스는 당시를 회고하며 이렇게 말한다.

"우리는 캐릭터를 리허설하지 않았다. 그(호아킨 피닉스)가 무엇을 해야 하는지 구체적으로 이야기하지도 않았다. 우리가 얘기한 것은 오로지 각본과 스토리, 그리고 캐릭터에 대해서였다. 그가 실제로 그것을 어떻게 연기할지에 대해서는 알지 못했다."

〈조커〉는 연기 동작을 사전에 정하기보다 배우가 인물과 그 세계관에 깊이 몰입하는 것을 가장 중요하게 여겼다. 그 덕분에 소름 끼치도록 사실적인 조커가 탄생할 수 있었던 것이다.

〈기생충〉과 〈조커〉의 접근 중 무엇이 맞을까? 물론, 정답은 없다. 두 감독 모두 자신의 영화에 어울리는 선택지를 고르고 그것을 따랐을 뿐이다. 모든 상황에 맞아떨어지는 정답은 존재하지 않는다. 다만 우리는 다른 창작자들이 선택의 딜레마를 만났을 때 무엇을 선택했는지 관찰할 수 있을 뿐이다.

이제 잠시 멈춰서서 충분한 시간을 갖고 스스로에게 물어보자. 지금 내게 최선의 선택지는 무엇인가? 나는 어떤 선택을 내릴 것인가?

더 넓게
품어내기

실패에 대한 태도

한껏 의욕에 차서 기세 좋게 가드닝을 이어가도 실패를 피하기란 어렵다. 아니 오히려 처음에는 실패가 잦을 수밖에 없다. 정원사의 유능함은 바로 여기에서 비롯된다. 실패로부터 배울 기회가 많아지기 때문이다.

'내 땅에 무슨 문제가 있는 것은 아닐까? 내가 주는 물의 양과 빈도는 알맞은 것일까? 내가 죽은 씨앗을 심은 것은 아닐까?' 이렇듯 무언가 잘 풀리지 않을 때 가드너는 그때부터 진짜 탐구를 시작한다. 도대체 무엇이 문제인지 적극적으로 검토하면서 더 나은 방식을 고민하기 시작하는 것이다.

식물의 잎이 바짝바짝 말라간다면 가드너는 어떻게 행동할까? 그는 '이번 가드닝은 실패다'라며 바로 뿌리를 뽑아버리지 않는다. 잎이 왜 마르는지 여러 각도로 살펴보고 이유를 발견해서 그에 마땅한 대응을 해나간다.

모바일 금융 플랫폼 '토스'를 만든 비바리퍼블리카에는 독특한 문화가 있다. 1년에 두 차례 실패한 사업이나 프로젝트에 '베스트 러닝 셰어(best learning share)상'을 수여하는 것이다. 실패를 통해 학습할 기회를 만든 사례를 높이 평가하자는 취지다. 실패를 '비용'이 아닌 또 다른 '기회'로 바라봤기에 가능한 일이다.

콘텐츠 가드닝이 잘 풀리지 않고 있는가? 좋은 신호다. 거기서부터 멈춰 있던 우리의 생각이 깨어날 수 있다. 길이 끊겨 있을 때라야 길을 내는 사람이 생기듯, 가드닝이 막힐 때 진정한 가드닝이 시작된다. 실패하면 정신이 또렷해진다. 관성에 젖은 사고방식에서 벗어나 새로운 길을 모색하게 만든다.

한편 결과물이 좋다고 해서 '성공적인 가드닝'이라고 말할 수 있을까? 반드시 그렇지만은 않다. 가드닝이 첫 시도만에 잘 되거나 아무 문제 없이 일이 풀리고 있다면 그게 도리어 더 문제일 수도 있다.

우리는 성공의 요인을 막연하게 짐작할 뿐 왜 잘 되었는지 그 이유를 놓치기 쉽다. 성공은 역설적으로 성공의 이유를 찾지 않게 만들지만, 실패는 반드시 그 이유를 찾게 만든다. 그러므로 모든 실패는 성공적인 가드닝의 자양분이 된다. 우리는 풍년보다 흉년에서 더 많은 것을 배운다.

가드너의 유능함은 그가 실패에 대해 얼마나 유연하게 반응할 수 있는지에 달려 있다. 할 때마다 성공하는 사람이 아니라, 실패할 때마다 배울 수 있는 사람이 유능한 가드너다. 그렇기에 의도적으로 실패를 빠르게 만나보려는 사람들도 있다. 그들은 반복되는 실수와 실패에 개의치 않고 그것을 자산으로 삼아 빠르게 성장해간다.

피드백에 대하여

오디션 프로그램을 볼 때 가장 희열을 느끼는 순간은 오랜 기간 무명으로 지낸 아티스트가 혜성처럼 떠오를 때다. 그들은 누구에게도 주목받지 못한 채 홀로 실력을 갈고닦아왔다. 어둠에 싸여 있던 시간이 길면 길수록 그의 무대는 더욱 눈부시고 짜릿해진다.

한편 안타깝게도 무명의 가수 모두가 성공을 거머쥐지는 못한다. 오히려 기나긴 무명 세월 동안 적절한 피드백을 받지 못해 아쉬운 무대를 선보이는 이들도 있다. 피드백을 받지 않고 혼자서 대단한 창작물을 만드는 것은 결코 쉬운 일이 아니다.

그렇기에 홀로 창작을 이어가는 이들은 자신이 잘하고 있는지 궁금할 수밖에 없다. 나 역시 강의나 워크숍을 진행할 때마다 피드백과 관련된 질문을 많이 받는다. 그

가운데 하나는 가까운 지인이나 친구에게 자신의 콘텐츠를 보여주는 것이 좋은 방법이냐는 것이다.

이에 대한 대답은 다음과 같다. 그들의 응원은 기쁘게 받아들이되, 콘텐츠의 내용에 대한 피드백은 되도록 가까운 사람에게 받지 않는 편이 좋다는 것이다. 창작자가 자신의 콘텐츠에 대해 깊이 고민한 것과 달리, 가까운 지인은 그 주제에 전혀 관심이 없을 수도 있다. 별다른 고민 없이 떠오르는 감상을 전할 경우 구체적인 도움을 얻기도 어렵다. 또 관심을 둔 콘텐츠의 장르가 서로 다르다면 유익한 이야기를 기대하기도 어렵다.

피드백을 받고 싶지만 주위에서 받기 어려울 때는 어떻게 해야 할까?

어느 정도 한계는 있지만 스스로 회고하는 것도 좋은 방법이다. 예를 들어 베타 콘텐츠를 만들고 나서 무엇이 잘 되었고, 무엇이 부족했는지 스스로 따져보는 것이다. A4 용지 가운데에 선을 긋고 잘 된 것과 잘 되지 못한 것을 나열한다. 내게 유용한 것들을 추려내고, 그렇지 못한 부분은 버린다. 몇 년간 스스로 회고를 해오면서 매번 느끼는 것이지만 이는 의외로 단순하면서도 꽤나 효과적인 방식이다.

가장 기본적인 것부터 스스로 피드백을 해보라. 물론 객관성이 떨어질 수도 있고 번거롭다는 단점도 있다. 이 과정을 생략하고 더 많은 시간을 창작에만 쏟고 싶은 마음도 생길 것이다. 하지만 피드백을 전혀 하지 않는 것보다 잠시 멈춰서 과정을 되돌아보는 것이 결국에는 큰 차이를 만들어낸다. 잘한 것이든, 못한 것이든 자기 자신에게서 발견한 것들은 언제나 내 안에 깊게 뿌리 내린다.

이렇게 스스로 피드백을 할 때 한 가지 유의할 점이 있다. 피드백을 가능한 한 빠른 시일 내에 해보는 것이다. 스스로 깨달은 것들이 사라지기 전에 되도록 하루 이틀 내에 피드백을 해보는 것이다.

'전문성(expertise)은 어떻게 개발되는가'를 연구하는 심리학자들에 따르면, '피드백의 질과 속도'는 무엇보다 중요하다. 예를 들어 다트 던지기를 하고 나서 1년 뒤에 "그때 상체를 더 숙여서 던져야 했어"라는 피드백을 받는다면 어떻게 반영할 수 있겠는가. 내가 어떤 동작을 취했는지 기억하지 못하기 때문에 피드백을 받아도 무의미하다. 그렇기에 콘텐츠를 만들었다면 부끄러움이 채 가시기 전에 스스로 피드백을 해보라.

물론 피드백을 혼자서도 할 수 있지만 전문가에게 양

질의 피드백을 받는 것도 좋은 방법이다. 이 책《콘텐츠 가드닝》도 담당 편집자의 날카롭고도 애정 어린 피드백을 바탕으로 새로 고쳐 쓴 것이다. 편집자에게 첫 원고를 전달했을 당시만 해도 내심 좋은 피드백을 기대했다. 하지만 그 기대감은 피드백을 받고 산산이 부서지고 말았다.

그때 깨달았다. 다른 사람의 피드백을 받아들일 때는 큰 용기가 필요하다는 것을. 기대보다 좋지 않은 평가를 받자 몇 달을 끙끙거리며 고심한 것들이 철저하게 거절당하는 느낌을 받았다. 내가 맞고, 내가 옳다고 뻔뻔하게 맞서고 싶어진다. 하지만 상대방의 피드백이 내 콘텐츠를 더 나은 것으로 만들 거라는 믿음을 갖는다면, 그것이 또 다른 발판이 되어 더 나은 창작물이 나올 수 있을 것이다.

주위에 전문가가 없다면 어떻게 할 수 있을까?

많은 창작자들이 자신의 채널을 갖고 있다. 조금 수고스럽지만 검색을 해보면 그들의 유튜브 채널, 이메일 주소, SNS 계정 등을 비교적 쉽게 발견할 수 있다. 평소에 자신이 즐겨 찾던 창작자에게 진심을 담아서 피드백을 구해보라. 나도 종종 일면식이 없는 창작자들에게 내 콘텐츠의 피드백을 구한다. 그때서야 알게 됐다. 생각보다 많은 창작자들이 서로를 협력자로 바라본다는 것을.

물론 유의할 점도 있다. 답장이 오지 않거나 거절을 당해도 덤덤하게 이해해야 한다. 그를 무례한 사람으로 평가할 권리는 내게 없다. 그에게 호의를 요청하는 것이지 내 권리를 돌려받는 게 아니다. 나도 회신받지 못한 경우가 적지 않지만, 여전히 그들의 팬으로 남아 있다.

피드백을 구하거나 스스로의 가드닝을 점검하는 시간을 가져보라. 피드백은 자신의 단점을 마주하게 만든다. 이를 마주하는 것은 적지 않은 용기가 필요하지만 분명 우리의 콘텐츠를 더 나은 것으로 만들어줄 것이다.

땅을 기르는 비밀

생명이 있는 것들은 포개어져서 자란다. 육안으로는 하나의 식물만 보여도 땅속엔 여러 손길이 식물의 성장을 돕고 있다. 곰팡이나 세균류, 혹은 이끼나 지렁이 같은 토양생물(Edaphon)군이 그것이다. 이들은 땅속의 유기물을 식물이 쉽게 흡수할 수 있는 형태로 바꿔준다. 식물은 온전히 제 힘으로만 자라는 것이 아니다.

이렇듯 창작자도 혼자의 힘만으로 성장할 수 없다. 창작자가 되는 일은 의지의 산물일 뿐만 아니라, 환경의 선물이기도 하다. 음악가 집안에서는 음악가가, 화가 집안에서는 화가가 나오기 쉬운 것도 그 때문이다. 어떤 분야가 됐든 창작자들은 이 점을 잘 활용해야 한다. 자신의 주변을 창작하기 좋은 환경으로 만들고 수시로 영감을 주고받을 동료 창작자들을 가까이해야 한다.

배우 진선규는 한국예술종합학교를 졸업하면서 동료 연기자들과 연기 워크숍을 만들었다. 지금까지 지속되는 이 워크숍에서는 멤버들이 서로의 연기를 모니터링해주는 것은 물론, 다양한 방식으로 연기 연습을 이어가고 있다. 특정 인물을 인터뷰한 뒤, 그 인물의 말과 행동을 모두 대본화해서 연습하거나 멤버 각자의 일상을 아주 세부적인 단위로 분석해 이를 재현하는 연습을 하는 것이다.

진선규는 영화 〈범죄도시〉에서 '악역 3인방'을 연기할 때도 윤계상, 김성규 배우에게 이와 같은 연습 방법을 공유했다. 셋은 그들만의 연기 워크숍을 진행했고, 그로부터 악명 높은 '악역 3인방의 케미'가 완성된 것이다. 그들의 연기는 영화에서 빛을 발했다. 아니, 빛이 아니라 어둠 그 자체였다. 셋이 연기한 어둠의 세계는 너무나 살벌했으며 한동안 진선규에게는 실제 화교가 아니냐는 질문이 따라다녔다.

오랜 시간 동안 자석 옆에 못을 두면 못에도 자성(磁性)이 생기듯, 가까운 동료들과 자극을 주고받을 때 창작의 새로운 추진력을 얻을 수 있다. 또한 가드닝을 하다 보면 혼자서 머릿속이 복잡해질 때가 있다. 이때 동료들과 자신의 고충을 나누는 것만으로도 커다란 위안을 얻는다. 서로에게 든든한 조력자이자 훌륭한 귀가 되어주는 것이다. 늘 함께하지는 못하더라도, 느슨하게 연결이 되어 서로의 가드닝을 나눈다면 지속할 힘을 얻을 수 있다.

그럼에도 창작 커뮤니티를 갖거나 동료 가드너를 만나기가 어려울 수도 있다. 나 역시 지금은 여러 분야의 창작자들과 교류하고 있지만, 처음엔 그 어디에서도 함께할 동료를 만날 수 없었다. 그때 내게 힘이 되어준 것은 창작자를 대신한 창작물이었다. 나는 길을 잃을 때마다 책을 펼쳤다. 물론 독서는 일방향의 만남이지만, 신기하게도 책을 읽고 있으면 깊은 유대감을 느낄 수 있었다.

우리에겐 계보가 있다. 가드닝을 하다 보면 알 수 있다. 내가 발딛고 있는 땅은 앞서 이곳을 통과한 창작자들 덕분에 비옥해졌다. 단 한 번도 마주한 적 없는 이들의 노력이 쌓여 비옥한 땅이 완성된 것이다. 그 땅에 내 씨앗을 심을 수 있다는 것이 감개무량한 일로 다가온다. 좋은 동료를 곁에 많이 두는 것은 나의 땅을 비옥하게 하는 가장 좋은 방법이다. 동료들과 서로를 길러내보라. 함께 자라날 때 우리는 더 멀리 나아갈 수 있다.

가드너의
하루

감각적인 루틴

훌륭한 창작자에게는 자신만의 단단한 루틴이 있다. 일상에서 마주치는 다양한 영감을 수시로 기록하는 사람이 있는가 하면 바쁜 와중에도 각종 전시를 빠짐없이 찾아보는 사람도 있다. 출근 전 일찍 일어나 한 시간씩 책을 읽는 사람도 있고, 영감을 나누는 커뮤니티를 만들어 정기적으로 구성원들과 활동을 지속하는 사람도 있다.

이처럼 노련한 창작자들은 자신만의 세련된 루틴을 갖고 있다. 하지만 이에 반해 초심자들은 루틴을 만드는 일 자체가 쉽지 않을 수 있다. 이때 나는 초심자들에게 '혼자서 보내는 시간 만들기'를 제일 먼저 권한다. 초심자에게는 이것이 자신만의 루틴을 만들기에 좋은 첫걸음이 될 수 있기 때문이다.

주위에서 운동이나 독서를 꾸준히 하는 사람을 한 명 떠올려보라. 그들에겐 한 가지 공통점이 있다. 무엇을 하기 위해 먼저 시간부터 확보하는 것이다. 마치 중요한 사람과 약속을 잡듯이, 이를 위한 일정을 잡는다. 그리고 그 시간이 되면 오직 그 일을 할 뿐이다. 출퇴근 중 전철에서 보내는 시간을 모두 독서에만 사용하거나 평일 저녁 하루는 운동하는 날로 정하는 식이다.

그들은 결코 시간이 남을 때 운동을 하지 않는다. 시간을 내서 운동을 하는 것이다. 시간 나서 하는 일과, 시간 내서 하는 일은 질적으로 다를 수밖에 없다. 어렵게 만들어낸 시간은 허투루 보내기가 어렵다. 처음에 내어본 시간은 예외적인 일정이지만, 여러 번 반복하다 보면 일상적인 시간으로 자리 잡을 수 있다.

가드닝 의욕이 생길 때면 지체 없이 자신과의 일정을 잡아보라. 친구와의 약속이나 업무 미팅을 잡듯이 달력에 일정을 채워 넣는 것이다. 이를 '타임블록(timeblocking)'이라고도 부르는데 가드닝 시간을 하나의 약속으로 대하는 것이다.

이 일정을 캘린더에 적어두고, 그 시간이 되면 앞서 정한 작업을 하는 것이다. 한두 번 자신과의 시간 만들기에 성공하면 매주 반복되는 붙박이 일정으로 만들 수 있다. 구글이나 네이버 캘린더에는 반복되는 일정을 만드는 기능이 있는데 이를 활용할 수도 있다. 시간을 확보하는 루틴이 생겼다면 나머지 일들은 쉽게 따라온다. 그 시간에 꼭 필요한 책을 읽어보거나 베타 콘텐츠를 만들 수도 있으며, 그동안 쌓인 메모를 정리하는 등 가드닝의 루틴이 자리 잡힐 것이다.

시간을 어떻게 때울지 고민하면 소모적인 사람이 되기 쉽지만, 시간을 어떻게 채울지 궁리하다 보면 생산적인 사람이 될 수 있다. 나 자신과의 시간을 낼 줄 안다면 그 시간 동안 다른 무언가를 쌓을 가능성도 높아진다. 창작자는 자기 자신과 가장 많은 시간을 보내는 사람이며, 그 시간을 치열하게 확보하는 사람이다.

시간을 만들어내는 데 성공했다면, 그 시간을 보낼 나만의 아지트까지 확보할 수 있다. 내게 친숙하고 편안한 공간을 찾고, '언제-어디서'를 한 쌍으로 두어 가드닝을 이어가보라. 창작에 활력을 불러일으킬 든든한 루틴이 되어줄 것이다.

슬럼프 극복법

때때로 가드너는 막막하다. 한동안은 비가 오지 않을 것이라는 예보 때문이다. 식물이 모두 말라죽게 생겼다. 이때 가드너에게는 두 가지 선택지가 있다.

하나는 기우제를 지내는 것이다. 메마른 정원 앞에서 비가 올 때까지 정성을 다해 기도한다. 다른 선택지도 있다. 비가 언제 오든지 간에 지금 할 수 있는 일을 그저 차근차근 해나가는 것이다. 스프링쿨러를 점검하거나 흙을 갈아주고, 고랑에 자란 잡초를 제거하면서 때를 기다린다.

콘텐츠 가드닝을 할 때도 슬럼프가 찾아온다. 이때 슬럼프에 대처하는 모습 역시 가드너가 하는 방식과 비슷하다.

첫 번째 창작자는 기우제를 지내는 마음으로 영감이 찾아오기만을 기다린다. 영감이 떠오르지 않으면, '내 열정이 부족한가' 묻고는 귀한 에너지를 다시 기우제에 쏟는다. 결의를 다지기 위해서 "콘텐츠를 만들겠다"는 문장을 1,000번씩 쓰거나, 동기부여 영상을 찾아 보며 의욕을 고양시킨다. 그러나 정작 손으로는 아무것도 하지 않으면서 의지만 다지고 있다면 슬럼프를 벗어나기란 어렵다.

반대편에는 아직 영감을 받지 못한 또 한 명의 창작자가 있다. 슬럼프를 대하는 그의 대응은 조금 다르다. 그는 글을 써서 차곡차곡 모아두고, 책을 찾아 읽거나 자료를 정리해둔다. 그의 가드닝은 잠복 생산기를 거치면서 더욱 분주해진다. 이제 여기에 약간의 영감만 더해지면 그는 어렵지 않게 가드닝을 완성할 수 있을 것이다.

그런 한편, 콘텐츠 가드닝이 막바지에 다다르는 과정

이 고역일 때가 있다. 때론 이 기간이 전부 슬럼프로 느껴지기도 한다. 고지가 눈앞이고 창작물이 어떤 형태로 나올지 기대감도 한껏 높아졌지만 앉아서 글을 쓰기가 싫은 것이다.

스티븐 킹에 따르면 "아마추어는 영감을 기다리지만, 프로는 일하러 간다"고 하지만 프로라고 해서 언제나 즐겁게 일하러 가는 것은 아니다. 봉준호 감독도 영화 구상이 끝나고 시나리오를 쓰기 시작할 때 텅 빈 모니터를 바라보며 "키보드를 부숴버리고 싶다"고 고백한 바 있다.

가드닝이 열매를 맺을 때가 다가오면 무엇을 해야 하는지 비교적 명료해진다. 이미 머릿속에선 콘텐츠의 주요 얼개가 막힘없이 펼쳐진다. 미리 써둔 씨앗글도 충분하고, 글마다 개요도 잡아두었기 때문에 이제 할당된 만큼 성실하게 글을 쓰기만 하면 된다. 마지막까지 엉덩이를 붙이고 문장을 이어가는 일만 남았다.

하지만 몸이 따르지 않는다. 무엇을 해야 할지 알고 있지만 하기 싫다. 해야 하지만 하기 싫다. 심지어 하고 싶지만 하기 싫다. 광활한 공백을 활자로 채울 생각을 하니 까마득하기만 하다. 가드닝을 처음 시작할 때 마주했던 막연함이 가장 큰 장벽이라고 생각했는데 마지막 구간이 더 힘들게 다가온다.

나는 이럴 때를 대비해서 글쓰기에 쉽게 진입할 수 있도록 몇 가지 진입로를 만들어두었다. 스스로 쓰고 싶은 마음이 들 수 있도록 흥미로운 딴짓을 벌이는 것이다.

먼저 좋아하는 뮤지션의 라이브 무대 영상이나 영화를 틀어놓는다. 그 상태로 펜을 쥐고서 메모장에 무엇이든 끄적거려본다. 낙서도 하고, 떠오르는 대로 단어도 적어본다. 알 수 없는 도식을 그려놓고 괜스레 화살표로 연결지어보기도 한다.

원고를 쓰는 것도, 쓰지 않는 것도 아닌 애매한 상태다. 그렇지만 이 시간에 잠시만 머물러보면 잡생각이 조금씩 사라진다. 점차 생각의 물꼬가 트이고 바로 그때 노트북을 켜서 재빠르게 글을 쓰기 시작한다.

이것조차도 잘 안 될 때가 있다. 그러면 '발로 생각하기' 위해서 자리를 정리하고 밖으로 나간다. 나는 감히 '걷기'야말로 가성비가 가장 높은 콘텐츠 창작법이라고 말하고 싶다.

"책상에 앉아서 일단 한 문장이라도 써보라"는 문장만큼 잔인한 요청이 없다. "시험 공부 좀 해라"와 마찬가지로 이론상으로는 문제가 없지만 실천하기는 너무나 어려운 요청이다.

나는 그 대신 일단 걸어보라고 말한다. 걷는 것은 쉽다. 게다가 기분이 좋아질 확률도 높다. 산책을 하면서 지나치는 나무, 한가로운 시간을 보내는 사람들, 골목의 고양이 덕분에 머릿속의 과부하가 진정되고 마음이 산뜻해진다. 이런 목적으로 산책할 때는 되도록 익숙한 길을 걷는 편이다. 심심하긴 하지만 익숙한 길을 걸을 때 집중하기도 좋기 때문이다.

처음엔 떠오르는 대로 아무 생각이나 하면서 걷는다. 그러다가 주머니에 찔러 넣고 나온 콘텐츠 씨앗을 이리저리 굴려보면서 모양과 재질을 느껴본다. 점차 여러 가지 키워드가 나에게 말을 건다. 아이디어가 떠오르면 놓치지 말고 스마트폰에 적는다. 단어를 몇 자만이라도 남겼다면 그것으로 충분한 수확이다. 이렇게 산책을 하면서 얻은 활력을 그대로 가져와 작업을 이어가는 것이다.

콘텐츠 가드닝을 하는 것, 혹은 글을 쓴다는 것이 항상 즐거울 수는 없다. 특히 완결이 눈앞에 다가온다면 조바심이 나 도리어 슬럼프에 빠지기도 쉽다.

높은 산에는 늘 여러 개의 진입로가 있다. '탈고'를 향한 비탈길을 오를 때도 작업의 시작을 수월하게 만들어주는 여러 가지 진입로를 만들어두자. 슬럼프가 찾아오더라도 이내 빠져나올 수 있을 것이다.

평가보다 어려운 것

콘텐츠 가드닝을 시작했다면 머지않아 사람들의 평가를 받게 된다. 정성껏 만든 베타 콘텐츠를 온라인 채널에 올렸는데 건설적인 피드백은커녕 혹평과 비난을 받게 될지도 모른다.

여러 번 싸늘한 시선을 받으면 그동안 어렵사리 쌓아온 의욕이 한순간에 바스라지기도 한다. 어떻게 하면 콘텐츠에 대한 평가를 지혜롭게 수용하되 그것에 휘둘리지 않고 당당하게 가드닝을 이어갈 수 있을까?

"코미디와 공포, 미스터리가 어우러져 있는가 하면 판타지적인 요소도 눈에 띈다. 하지만 그것들은 하나로 녹아들지 못한 채 소화불량 양상을 보인다."

봉준호 감독이 2020년 아카데미 시상식에서 4관왕을 차지한 날로부터 20년 전에 만든 그의 첫 장편 영화 〈플란다스의 개〉에 대해 받은 혹평이다. 그러나 이 혹평을 제외하고, 평단의 반응은 대체로 무관심 일색이었다. 봉준호 감독은 차라리 신랄한 혹평이라도 더 받는 것이 나았을 거라고 회고한다. 지금은 봉준호가 곧 '장르'가 되었지만 그의 시작은 누구보다 초라했다. 우리는 창작의 거장들이 누리는 오늘의 영광에 대해서는 익히 알고 있지만, 그들의 시작이 어떠했는지는 종종 잊는다.

〈플란다스의 개〉에 대한 대중의 혹평을 애써 외면하며 봉준호 감독은 자신의 영화를 보러 극장을 찾았다. 그가 스크린을 통해 자신의 영화를 처음으로 보았을 때, 작업할 때는 보이지 않던 개연성이 뚝뚝 끊기는 장면들이 눈앞에서 끔찍하게 펼쳐졌다고 한다. 그는 "정말 말도 안 되는 걸 만들어버렸다"며 회고한다.

창작자가 되려면 비판과 혹평으로부터 일말의 진실을 발견하고 이를 받아들일 수 있어야 한다. 창작물에 대해 혹평을 받았다면 그때야말로 창작자가 다시 태어나는 순간이다. 대중의 평가를 어떻게 받아들이냐에 따라 창작자는 전혀 다른 길을 걷게 되기 때문이다.

모든 창작자는 '세상이 내 탁월함을 몰라주는구나'와 '일리 있는 지적이다' 사이에서 태어난다.

그래도 여전히 대중의 평가와 시선이 두렵다면 그들이 내리는 평가 자체가 점점 쉽고 가벼워진다는 점을 상기하면 얼마간 위안이 될 것이다. 진입장벽이 낮아져서 콘텐츠를 만드는 일이 쉬워지는가 하면, 동시에 우리가 콘텐츠 소비자로서 평가할 기회도 상당히 많아졌다. 범람하는 콘텐츠에 대해 말 한마디 보태는 일이 무척 쉬워진 것이다.

하루에도 스치듯이 마주하는 콘텐츠가 족히 수십 개는 된다. 그렇게 여러 콘텐츠를 소비하는 와중에 짧은 인상과 순간의 기분만으로 쉽게 평가를 내리기도 한다. 우리가 콘텐츠를 만들 때 얼마나 공을 들였는지와는 상관없이 5G만큼 빠른 세상에서는 가벼운 평가가 난무하는 것도 사실이다. 그러므로 냉철한 평가엔 일말의 진실이 있음을 인정하되, 평가를 절대적인 것으로 여길 필요 또한 없다.

실은 나도 평가를 꽤나 즐겼다. 내가 창작자로 나아가기 전, 다른 창작물에 대해 이런저런 평가를 아무런 거리낌 없이 남기곤 했다. 마치 내가 평론가라도 된 듯한 기분이었다. 한번은 어느 콘텐츠를 보고 나서, '이 콘텐츠는 왜 만들었는지 모르겠다'며 거의 악담을 퍼붓기도 했다. 그러다 문득 이런 생각이 들었다. 적어도 이 창작자는 자신이 가진 것을 콘텐츠로 완성해내지 않았는가. 그에 비해 나는 내가 가진 것의 얼마큼이나 콘텐츠로 만들어보았을까? 나는 대체 왜 남을 평가하는 데만 열을 올리고 있을까?

나는 내가 비난한 창작자보다 나은 게 하나도 없었다. 그때부터 나는 대상을 평가(review)하는 대신에 나만의 시선(view)을 길러야겠다고 다짐했다. 남을 평가하는 데 쓸 에너지를 내 콘텐츠를 만드는 데 쏟아붓기로 한 것이다.

평가를 하는 사람은 물론 평가하는 실력이 계속 좋아질 것이다. 하지만 평론만 하는 사람은 결코 자신의 콘텐츠를 남기진 못한다. 반면에 실력이 부족하더라도 창작을 멈추지 않는 사람은 부족하나마 더 나은 창작물을 만들어 갈 수 있다.

남들이 정성스럽게 만든 콘텐츠를 보고 냉소적으로 비난하던 내게 돌아올 것이 돌아왔다. 첫 콘텐츠를 세상에 내밀고서 "일기에 쓸 일을 왜 콘텐츠로 만들었냐"는 댓글을 받은 것이다. 그것이 비수가 된 이유는 완전히 틀린 말은 아니었기 때문이다. 무척 뼈아픈 말이지만 덕분에 냉철하게 내 콘텐츠를 돌아볼 수 있었다.

우리는 우리의 콘텐츠 앞에 당당히 서야 한다. 아무리 티끌만 한 것이라도 세상에 무언가 선보이려면 큰 용기가 필요하다. 용기를 낸 만큼 그것만으로 당당해도 괜찮다. 거기에 건설적인 피드백이 따른다면 말에 박힌 가시는 빼내어 수용하되, 자조로 이어져서는 안 된다. 지적을 수긍

하는 일과 자신의 콘텐츠에 긍지를 갖는 일은 전혀 다른 일이다. 이는 콘텐츠 창작자들에게만 해당되는 이야기는 아닐 것이다. 자신의 이름을 걸고서 세상에 나아가는 모든 이들에게 필요한 긍지일 것이다. 시어도어 루스벨트는 '경기장 안에 있는 사람(The Man in the Arena)'이라는 연설에서 이렇게 말했다.

"중요한 것은 비평가가 아니다. 어떻게 하면 강자가 휘청거리는지, 어떻게 하면 더 잘할 수 있었는지 지적하는 사람도 아니다. 영광은 먼지와 땀과 피로 범벅이 된 채 실제로 경기장 안을 뛰고 있는 자의 몫이다."

호된 평가를 받았다면 감정으로 대응하지 말고 더 나은 콘텐츠를 만들어 회답하자. 평가는 결코 창작을 넘어설 수 없다.

이르기와
기르기

정답이 사라진 세상에서

"우리는 우리의 정원을 가꾸어야 합니다.(Il faut cultiver notre jardin.)"

볼테르의 소설 《캉디드》의 마지막 문장이다. 주인공 캉디드의 파란만장한 모험을 그린 《캉디드》는 당대 최악의 재난인 리스본 대지진이 일어나고 얼마 되지 않아서 나왔다.

1755년 포르투갈에서 일어난 지진은 오늘날 기준으로는 진도 9도에 해당하는 규모였다. 이는 가장 부유한 도시를 무자비하게 파괴한 것은 물론이고, 최소 6만 명에서 최대 10만 명의 목숨을 앗아갔을 만큼 근대 유럽을 뒤흔든 재앙이었다. 지진이 불러온 것은 그뿐만이 아니었다. 지진은 사상가들 사이에 격렬한 논쟁을 불러일으켰다.

지진이 "신의 심판"이라고 주장하는 성직자들과 "지질학적인 재난일 뿐"이라고 말하는 과학자들 사이에서 루소나 칸트 같은 사상가들은 저마다의 대답을 내놓았다. 재난 앞에 선 인간이 할 수 있는 것은 아무것도 없다는 무력한 비관주의와 대책 없이 모든 것을 긍정해버리는 낙관주의까지 그 스펙트럼도 다양했다. 전무후무한 재앙을 어떻게 받아들일지, 그리고 지진 이후의 삶을 어떻게 살아내야 할지 제시하는 일은 절박한 과제였다. 그리고 이에 대한 볼테르의 대답은 《캉디드》였다. 모험을 마친 캉디드가 마지막으로 던진 말이 곧, 볼테르의 대답인 셈이다.

우리는 한때 도달해야 할 곳이 명확한 세상에 살았다. 모두가 앞다투어 그곳을 향해 달려나갔다. 교육도 사회도 하나의 방향을 가리켰다. 원하는 곳에 이르기 위한 삶을 살았다.

그런데 세상에 커다란 균열이 생겼다.

팬데믹은 이전의 세상이 어떤 모습이었는지 떠올릴 겨를도 주지 않고 우리를 삶의 가장자리로 몰아세웠다. 인간의 적응력을 시험이라도 하는 듯, 변화는 가혹하게 찾아왔다. 자고 일어나면 길이 사라진다. 과거에는 당연했던 일상이 지금은 모두 시험대에 올랐다. 무엇을 따라 걸어야 하는지 알 수 없게 된 것이다.

'길'은 그저 관념적인 비유에 그치지 않는다. 우리는 정말로 그 길 위에서 삶의 대부분의 시간을 보낸다. '커리어패스(career path)'는 말 그대로 성공적인 커리어로 향하는 길(path)이다. '커리큘럼(curriculum)'은 '달리다'는 뜻을 지닌 라틴어 'currere'에서 유래했다. 명사형인 'curriculum'은

'말이 뛰는 길(course of race)'을 뜻한다.

어떤 커리어패스를 따라야 하는지, 어떤 커리큘럼을 세워야 하는지 혼란스럽기만 하다. 견고했던 산업은 위기에 처했고, 회사가 문을 닫기 시작했다. 직업은 사라지고, 대학교가 문을 닫는다. 오랫동안 존재하던 과목과 전공이 사라지는 것은 더 이상 놀랄 일도 아니다.

지금껏 우리는 이르러야 할 곳이 사라졌을 때 무엇을 해야 할지 배운 적이 없다. '커리큘럼'만으로 충분히 작동하던 세상에 비상이 걸린 셈이다. 그리고 그 무렵 나는 '창작이란 결과물의 모습을 전혀 알지 못하고도 누구나 시작할 수 있는 것'이라는 아이디어를 만났다. 이러한 생각은 나를 생소한 질문으로 이끌었다.

'커리큘럼'으로 대변되는 삶의 방식은 더 이상 지속하기 어려워진 것은 아닐까? 도달할 곳이 사라졌을 때는 어떻게 여정을 이어가야 할까? 삶을 바라보는 근본적으로 다른 관점이 필요한 것은 아닐까?

질문을 곱씹어보면서 나는 '어딘가에 이르는 삶' 대신에 '무언가를 기르는 삶'을 선택하기로 했다. 콘텐츠를 창작하고 기르는 '가드닝'의 방식을 삶으로 가져와 써보기로 한 것이다.

나는 '계획과 통제, 오차 없는 설계도와 완벽한 공정'에 의존하던 방식을 잠시 보류하기로 했다. 대신에 '반응하기, 과정 기르기, 협력하기, 모호함을 한껏 받아들이기'가 내 삶에 들어올 수 있도록 마음에 빈 공간을 내어주었다. 그렇게 나만의 가드닝이 시작됐다.

우리 앞엔 다양한 선택지가 놓여 있다. '콘텐츠 가드닝'이 모두의 선택지가 될 수는 없을 것이다. 하지만 이르는 삶에서 기르는 삶으로 시선을 옮기다 보면 자신에게 필요한 답이 외부가 아닌 바로 자신 안에 있음을 깨닫게 될 것이다. 가드닝은 어딘가에 이르지 않고도 날마다 새로운 나를 길러내는 과정이다.

누구에게도 대체되지 않고, 무엇에도 좌초될 일 없는 가장 안전하고 온전한 나만의 정원을 가꾸어보라. 그 창작 경험이 우리가 살아내야 할 온전한 삶에 대한 설레는 암시를 되돌려줄 것이다.

이르는 삶에서 기르는 삶으로

가드닝을 지속하다 보면 누구라도 열매를 맺는다. '콘텐츠'라는 아주 분명한 열매다. 그리고 그 열매는 다시 씨앗이 되어 새로운 가드닝을 이어나갈 수 있게 해준다. 한편 가드닝에는 또 다른 결실이 있다. 바로 콘텐츠 창작자가 '삶의 창작자'로 나아갈 수 있다는 점이다.

몇 년 전, 나는 일반적인 '커리어패스'를 벗어나기로 마음먹었다. 내 선택은 취직도 창업도 아니었다. 모두가 가는 길에서 외떨어져 나만의 길을 내고 싶었다. 그렇게 걸어온 길은 가드닝과 마찬가지로 모호함과 모험으로 가득했다. 내가 이르러야 할 곳이 어디인지, 내가 만들어낼 결과물이 어떤 모습인지도 모르는 채로 그저 묵묵히 내 앞의 씨앗을 정성스럽게 길러냈다.

목적지는 보이지 않았다. 하지만 과정으로서 존재하는 법을 배워나갔다. 내가 즐길 수 있는 온전한 과정을 만드는 데 집중했다. 그렇게 과정은 다시 새로운 과정을 낳았고, 그것들이 연결돼 비로소 내가 걸을 수 있는 길이 되었다. 그리고 이렇게 상상도 해본 적이 없는 《콘텐츠 가드닝》이라는 경유지도 거치게 됐다. 목적지에 도달해야 하는 삶을 스스로 마무리짓고, 여정으로서만 존재하는 가드닝의 세계를 한껏 받아들이게 된 것이다.

콘텐츠 가드닝을 만나기 전에는 어땠을까. 그때의 나는 삶을 '제작'이라고 생각했다. 치밀한 설계도에 따라 완성해야 할 웅장한 건물처럼 여겼다. 하지만 삶을 '제작'으로 바라보는 동안 내 삶에서 스스로가 소외되는 일이 잦았다. 결과를 만들지 못하면 과정에 쏟은 노력이 모두 물거품이 되는 것 같았다.

고등학교 3학년 수업 시간에 가장 많이 들은 말도 "생각은 대학 가서 해"였다. 삶의 중요한 질문이나 과제는 모두 뒤로한 채 오로지 결과를 만들어내기 위한 삶이 시작됐다. 이후 성인이 되어서도 생각할 시간은 좀처럼 주어지지 않았다. 대신 다음 목적지가 생겨났을 뿐이다. '어딘가에 이르지 못한 삶은 언제까지고 '미생(未生)'일 뿐일까?'

삶을 제작으로 바라보는 한, 과정이 그 자체로 보상이라는 것을 깨달을 수 없었다. 삶이란 결국 시간으로 이루어진 여정이고 과정일 뿐이다. 그럼에도 나는 마치 마감일자가 정해진 공정처럼 삶을 대했다.

하지만 《콘텐츠 가드닝》을 쓰면서 나는 새로운 질문을 만났고 이를 따라 걷기 시작했다. '콘텐츠뿐만 아니라, 우리의 삶 또한 창작물로 볼 수 있지 않을까?', '내 삶을 창작물로 바라본다면, 가드닝을 삶에도 반영할 수 있지 않을까?'

질문을 곱씹던 나는 창작할 때라면 발견할 수 있는 작

고 소중한 지혜를 모두 끌어와서 삶에 반영하기로 했다. 콘텐츠 가드닝이 곧 삶의 가드닝이 된 것이다.

영화 감독은 각본이 나온 다음에야 영화 제작에 들어간다. 하지만 삶에는 완성된 각본이 주어지지 않는다. 완성된 각본은커녕 엉성한 초안도 없다. 각본과 리허설 없이 곧바로 시작되는 창작에 가깝다. 그렇기에 우리가 삶을 설계나 제작의 대상으로만 바라본다면 그 방식이 잘 들어맞지 않는다. 삶은 제작해야 할 무엇이 아니라 불확실성과 모호함을 한껏 끌어안은 창작의 대상이다.

정원사가 정원을 가꾸는 것, 창작자가 콘텐츠를 창작하는 것, 부모가 아이를 기르는 것은 모두 같은 맥락에 있다. 어디로 닿게 될지 모르는 채로 내가 할 수 있는 분명한 것들을 즐겁게 해나가는 것이다. 그러면 창작물은 그 손길을 받아서 스스로 자라날 것이다.

분명 우리는 모든 게 모호하고 불확실한 세상을 살고 있다. 우리 앞에 어떤 날들이 펼쳐질지도 가늠이 안 된다. 만일 제작자 관점이 당신의 삶을 더 이상 풍요롭게 만들어주지 못한다면, 콘텐츠 가드닝을 시작해보라. 내가 발 딛고 있는 이 땅, 짙은 흙내음, 손안에 든 씨앗만큼은 분명한 세계다. 지난날의 실패와 시행착오는 기름진 거름으로 삼아 가능성의 땅, 정원으로 향해보는 것이다. 그것은 당신의 삶에도 모호한 모험을 허락해줄 것이다. 주저하는 당신을 격려하며 등을 힘껏 밀어줄 것이다. 그렇게 한 발, 또 한 발 나아가면 된다.

이르는 삶에서 기르는 삶으로, 삶의 창작자로.

이 책을 처음 구상하던 때 만난 '가드닝 아이디어'는 언제 보아도 반가운 친구처럼 늘 산뜻한 기분을 내게 선사해주었다. 나는 이 작은 씨앗을 가드닝하면서 내가 만난 창작의 세계를 담아내는 일에 몰두할 생각이었다.

그러나 그 무렵 모두에게 가혹한 시절이 찾아왔고 내 아이디어가 기존의 모습을 그대로 유지하는 것이 어려워졌다. 내 삶 역시 팬데믹의 영향을 받기 시작했기 때문이다. 위태로워진 세상은 나를 자꾸만 '삶의 초심자'로 서게 했다. 모두와 마찬가지로 나 역시 완전히 새로운 눈으로 삶을 마주해야 했다. 천근만근 되는 묵직한 질문을 피할 길이 없었다.

'이 삶은 무엇으로 지속될 수 있을까?'

'지속가능한 삶의 방식은 무엇일까?'

기후와 환경을 떼어놓고 가드닝을 할 수 없는 법이다. 그렇게 내 아이디어도 팬데믹의 영향을 받았다. 햇볕을 따라 방향을 틀고 굽어 자라는 나뭇가지와 마찬가지로 이 책이 지금의 모습을 갖게 된 것이다.

그런가 하면 이 혹독한 시기에 새 생명이 찾아왔다. 팬데믹의 습격이 막 시작되었을 무렵 조카가 태어난 것이다. 작은 체구에서 나오는 결코 작지 않은 생명력에 대해 곱씹어보는 날이 이어졌다.

통통한 발로 총총거리는 삶의 초심자는 머리를 찧었던 일은 까맣게 잊고 다시 앞으로 나아간다. 육아에 지친 어른들은 안중에도 없이 끊임없이 움직이며 재잘거린다. 결정적으로 이 작은 생명은 지금 세상에 어떤 위협이 왔는지는 아랑곳하지 않은 채 가장 천진하고 눈부신 웃음을 피워 보인다. 그 유약한 생명이 주위에 커다란 생명력을 돌려주고 있는 것이다.

커리어라는 사회적 탯줄이 끊어졌을 때 시작한 창작 여정은 내게 많은 것을 남겼다. 《콘텐츠 가드닝》도 그 가운데 하나다. 그렇지만 그것은 내게 하나의 '창작법'으로만 존재하는 것은 아니다. 내게 가드닝이란 외부 세계로부터 나를 지켜주는 안온한 삶이었다. 그것은 내게 닥친 위협이 내면의 몰락으로 이어지지 않도록 하는 생명력 그 자체였다. 그 생명력을 바탕으로 나는 세상에 다시 연결될 수 있었다.

창작에 대한 내 작은 아이디어가 당신의 가드닝을 더욱 온전하고 풍요롭게 만들어주기를 바란다. 그리고 그 과정에서 숨겨진 생명력을 한 줌도 놓치지 않고 움켜쥐기를 진심으로 응원한다.

참고 자료

1 _____ 장

《기생충 각본집 & 스토리보드북 세트》, 봉준호, 한진원, 김대환, 이다혜
　　지음, 플레인, 2019

'기생충 통역사 샤론 최의 산드라 오 인터뷰 feat. 왓챠 & 킬링이브',
　　〈왓챠〉, 2020. 6. 30.

〈당신의 문해력〉, EBS, 2021

《리추얼》, 메이슨 커리 지음, 강주헌 옮김, 책읽는수요일, 2014

《유튜브는 책을 집어삼킬 것인가》, 김성우, 엄기호 지음, 따비, 2020

《멈추지 못하는 사람들》, 애덤 알터 지음, 홍지수 옮김, 부키, 2019

《생각하지 않는 사람들》, 니콜라스 카 지음, 최지향 옮김, 청림출판,
　　2020

《다시 책으로》, 매리언 울프 지음, 전병근 옮김, 어크로스, 2019

《열정의 배신》, 칼 뉴포트 지음, 김준수 옮김, 부키, 2019

《나는 나무에게 인생을 배웠다》, 우종영 지음, 한성수 편, 메이븐, 2019

〈봉준호 감독 "새로운 형태의 괴물 이야기 하고 싶었다"〉, 연합뉴스,
　　2006. 7. 4.

《다산 선생 지식경영법》, 정민 지음, 김영사, 2006

《1만 시간의 재발견》, 안데르스 에릭슨, 로버트 풀 지음, 강혜정 옮김,
　　비즈니스북스, 2016

《실은 나도 식물이 알고 싶었어》, 안드레아스 바를라게 지음, 류동수 옮

김, 애플북스, 2020

《루이스와 톨킨의 판타지 문학클럽 : 더 옥스퍼드 잉클링스》, 콜린 듀리에즈 지음, 박은영 옮김, 이답, 2020

《빅매직》, 엘리자베스 길버트 지음, 박소현 옮김, 민음사, 2017

《아날로그의 반격》, 데이비드 색스 지음, 박상현&이승연 옮심, 어그로스, 2017

2 ───── 장

《정원의 발견》, 오경아 지음, 궁리출판, 2013

《12가지 인생의 법칙》, 조던 B. 피터슨 지음, 강주헌 옮김, 메이븐, 2018

《기억 전달자》, 로이스 로리 지음, 장은수 옮김, 비룡소, 2007

《콘텐츠의 미래》, 바라트 아난드 지음, 김인수 옮김, 리더스북, 2017

《거절당하기 연습》, 지아 장 지음, 임지연 옮김, 한빛비즈, 2017

《오리지널스》, 애덤 그랜트 지음, 홍지수 옮김, 한국경제신문사, 2020

《당신은 개를 키우면 안 된다》, 강형욱 지음, 혜다, 2019

〈다이슨에선 엔지니어가 곧 디자이너〉, 최한나 기자, DBR, 2014

《스티브 잡스》, 월터 아이작슨 지음, 안진환 옮김, 민음사, 2015

《찾을 수 있다면 어떻게든 읽을 겁니다》, 어슐러 K. 르 귄 지음, 이수현 옮김, 황금가지, 2021

'기생충 해외반응 외신 평론 읽어보기 | 봉준호 감독, 아카데미 4관왕', 〈조승연의 탐구생활〉, 2020. 2. 18.

《특집! 한창기》, 강운구 등저, 창비, 2008

3 _____ 장

〈How Sia Saved Herself, HILLEL ARON〉, RollingStone, 2018

'배우 지망생들 주목!! 남궁민이 알려주는 연기? 비법은 대본에 있다!',
     tvN 〈인생술집〉, 2017. 10. 20.

《죽도록 즐기기》, 닐 포스트먼 지음, 홍윤선 옮김, 굿인포메이션, 2020

《세상에서 가장 아름다운 편지》, 빈센트 반 고흐 지음, 박홍규 편역, 아
     트북스, 2009

《늦깎이 천재들의 비밀》, 데이비드 엡스타인 지음, 이한음 옮김, 열린책
     들, 2020

《Yours, Issac Asimov》, Stanley Asimov, DOUBLEDAY, 1995

《The Inner Game of Tennis》, Gallwey, W. Timothy, Random House,
     1997

《생각에 관한 생각》, 대니얼 카너먼 지음, 이창신 옮김, 김영사, 2018

'2강. 좋은 연기, 동료들과 함께 고민합니다 – 진선규 [OVER THE
     RECORD]', 〈현대카드 DIVE〉, 2020. 9. 8.

《정원가의 열두 달》 카렐 차페크 지음, 요제프 차페크 그림, 배경린 옮
     김, 조혜령 감수, 펜연필독약, 2019

《창작자들》, 강제규 등저, 포레스트북스, 2020

《정원의 쓸모》, 수 스튜어트 스미스 지음, 고정아 옮김, 윌북, 2021

《캉디드》, 볼테르 지음, 이봉지 옮김, 열린책들, 2009

이르는 삶에서 기르는 삶으로

콘텐츠 가드닝

1판 1쇄 인쇄 2021년 6월 11일
1판 1쇄 발행 2021년 6월 18일

지은이	서민규
펴낸이	박선영

책임편집	이아림
디자인	강경신
발행처	퍼블리온
출판등록	2020년 2월 26일 제2021-000048호
주소	서울시 영등포구 양평로 157, 408호 (양평동5가)
전화	02-3144-1191
팩스	02-3144-1192
전자우편	info@publion.co.kr

ISBN   979-11-91587-02-9 03320

• 책값은 뒤표지에 있습니다.